Knapp/Neubauer/Wichterich

Dicke Luft im Lehrerzimmer

SCHULMANAGEMENT konkret

BAND 2

Rudolf Knapp
Walter Neubauer
Heiner Wichterich

Dicke Luft im Lehrerzimmer

Konfliktmanagement für Schulleitungen

LUCHTERHAND

Bibliografische Information Der Deutschen Bibliothek
Die Deutsche Bibliothek verzeichnet diese Publikation in der Deutschen Nationalbibliografie; detaillierte bibliografische Daten sind im Internet über **http://dnb.ddb.de** abrufbar.

www.luchterhand-fachverlag.de

Umschlag: futurweiss kommunikationen, Wiesbaden
Satz: RPS Satzstudio GmbH, Düsseldorf
Karikaturen: © Gerald Nöbel
Druck und Verarbeitung: Wilhelm & Adam, Heusenstamm
Printed in Germany, Januar 2004
∞ Gedruckt auf säurefreiem, alterungsbeständigem und chlorfreiem Papier.

Inhalt

Bedeutung der Symbole

Achtung

Beispiel

Stolperstein, Vorsicht

Zusammenfassung

Weiterführendes

Quicktour

In den betreffenden Kapiteln sind die Abschnitte in der linken bzw. rechten oberen Ecke markiert.

Zum Start

- Für wen ist das Buch gedacht?
- Was sind die Ziele des Konfliktmanagements in der Schule?
- Welchen Stellenwert hat eine effiziente Konfliktbewältigung?
- Wie kann die Schulleitung als Vermittler erfolgreich sein?
- Wie ist das Buch aufgebaut?

Das Thema: Konfliktmanagement für die Schulleitung

Die gesellschaftlichen und ökonomischen Entwicklungen der letzten Jahre haben für den Aufgabenbereich der Schulleitung bereits erhebliche Veränderungen gebracht, die sich in Zukunft noch mehr in Richtung eines ergebnisorientierten Managements erweitern werden. Stichworte wie Budgetierung, Qualitätssicherung, Personalführung, Kundenorientierung, aber auch das Konzept der Selbständigen Schule verdeutlichen diesen Trend. Die zunehmende Komplexität der Aufgaben für die Schulleitung – oder genauer gesagt, für den Schulleiter bzw. die Schulleiterin – ist auch zu berücksichtigen, wenn es um die Frage des Umgangs mit Konflikten geht. Gerade in Zeiten knapper Kassen bei einem zunehmenden Wettbewerbsdruck gehört ein effizientes Konfliktmanagement zu den wichtigsten Aufgabenbereichen der Schulleitung.

Was ist unter Konfliktmanagement in der Schule zu verstehen?

Ziel des Konfliktmanagements ist es,
- aktiv dazu beizutragen,
- bei entstehenden oder vorhandenen interpersonalen Auseinandersetzungen
- eine optimale Lösung zu finden,
- um die Leistungsqualität der Schule wieder herzustellen oder sogar zu verbessern.

Ein gelungenes Konfliktmanagement bezieht sich nicht nur auf die Bewältigung von Sachproblemen, sondern dient insbesondere zur Verbesserung der zwischenmenschlichen Beziehungen aller am Schulleben Beteiligten. Die produktive Lösung von Konflikten ist auch die Basis für die Teamentwicklung (z. B. Projektgruppen), aber auch für die Schule als lernende Organisation im Hinblick auf Organisationskultur, Erscheinungsweise in der Öffentlichkeit (Corporate Identity) und Effizienz der Zusammenarbeit (vgl. Neubauer 2003).

Aus dieser allgemeinen Zielsetzung ist abzuleiten, dass sich eine solche Aufgabe nicht nur auf die Schulleitung beschränkt, sondern im Idealfall von allen Verantwortlichen ebenfalls wahrgenommen werden sollte. Allerdings hat die *Schulleitung als Vorbild* (Modellverhalten) zu wirken.

Bei vielen Büchern zum Konfliktmanagement im Erziehungsbereich wird ausgeführt, dass der Gesprächsleiter bei Konflikten eine Rolle als Streitschlichter (*Mediator*) zu realisieren habe, der darauf hinwirkt, dass die Konfliktgegner selbst zu einer Lösung finden. Dies ist prinzipiell richtig, *jedoch wird dabei selten ausdrücklich erwähnt, dass eine vorgeschlagene Lösung bestimmten Standards genügen muss, damit sie überhaupt als eine »Lösung« akzeptiert werden darf.* Dies trifft insbesondere für formale Organisationen zu. Beispiele für solche Standards sind gesetzliche Vorgaben, Rechtsverordnungen und Anweisungen von Dienstvorgesetzten bis hin zu persönlichen ethischen oder religiösen Überzeugungen oder Prinzipien der Wirtschaftlichkeit und Sparsamkeit (*Verantwortliche Leitung*). Daraus folgt:

- Das Konfliktmanagement der Schulleitung kann und darf sich nicht auf eine bloße Streitschlichter-Funktion beschränken, sondern es ist immer eingebettet in die gesamte Management-Aufgabe einer effizienten Leitung der Schule.
- Aus der besonderen Verantwortung der Schulleitung ergibt sich, dass sie bei der Behandlung eines Konflikts nie völlig unbeteiligt sein kann, auch wenn ein Mitglied der Schulleitung als Mediator zwischen zwei Konfliktparteien (z. B. Lehrer-Eltern) zu vermitteln sucht.
- Selbst wenn der Schulleiter bei schulischen Problemen als völlig neutraler Streitschlichter tätig werden möchte, liegt es nahe, dass er von den Konfliktparteien trotzdem in seiner Rolle als Schulleiter wahrgenommen wird. Es ist daher wichtig, sich dieser Problematik bewusst zu sein.

Die bisher genannten Punkte betonen die Hierarchie in einer Organisation. Es ist unbestritten, dass der Schulleiter die höchste Position in der Schule einnimmt, die mit bestimmten Pflichten, aber auch Rechten ausgestattet ist (die in Zukunft vermutlich mehr werden). Allerdings zeigt ein Blick in die Schulwirklichkeit, dass diese Machtquellen sehr bescheiden sind. Außerdem ist ein Vorgesetzter beim bloßen Einsatz von Machtmitteln mit seinem Einfluss auf Lehrer, Eltern oder Schüler sehr schnell am Ende (wie später erläutert wird). Somit ist es zweckmäßig, alle Konflikte zwischen Personen grundsätzlich zunächst ohne den Einsatz formeller Machtmittel einer tragfähigen Lösung zuzuführen. *In der Praxis bedeutet dies*:

- Prinzipiell sollte man immer zunächst versuchen, sich gewissermaßen »auf gleicher Augenhöhe« möglichst sachlich und ohne Einfluss von wie auch immer gearteten Machtquellen um die Analyse und Lösung eines Konfliktes zu bemühen. Sicherlich kann man mit Einsatz von Machtquellen eine Konfliktregelung erzwingen, aber damit setzt man neue Anlässe für spätere Konflikte. Ein Konflikt ist nur dann wirklich gelöst (d. h. als kritischer Streitpunkt aufgelöst), wenn alle Beteiligten dies so wahrnehmen.

- Aus diesem Grunde sollte sich der Schulleiter für den Prozess einer gemeinsamen Problemlösung als Person zurücknehmen und bewusst auf seine Macht verzichten. Machtungleichgewichte sind für den Mediationsprozess schädlich, wirken kontraproduktiv und sollten deshalb vermieden werden (Wittschier 1998).

- Es ergibt sich also für den Schulleiter eine Art Dilemma: Er steht persönlich in der Verantwortung, kann seine Führungsaufgaben aber nur dann optimal bewältigen, wenn es ihm gelingt, sich als Mitglied in ein Team einzuordnen.
- Dies bedeutet aber nicht, dass der Schulleiter so tut, als ob er ein gewöhnliches Mitglied des Lehrerkollegiums sei. Er bringt die ihm zugänglichen Informationen ein, trägt Argumente vor und beteiligt sich am Problemlösungsprozess, wobei er nötigenfalls aus Sicht der Schulleitung auf die übergeordneten Ziele verweist.

Konfliktmanagement der Schulleitung meint im umfassenden Sinne auch, dass *bei gravierenden Vorgängen*, die nicht kooperativ im Sinne des vorhandenen Verhaltensspielraums gelöst werden können, formale Anweisungen durch Einsatz der Positionsmacht und evtl. weiterführende rechtliche Schritte erfolgen. Notwendig ist es in einem solchen Fall allerdings, vorher die Konsequenzen aufzuzeigen, d. h. »das scharfe Messer auf den Tisch zu legen, aber nach Möglichkeit niemals zu benutzen«.

Die Bereitschaft zur gemeinsamen Lösung von Problemen ist vor allem von den Bedingungen der Situation sowie den Erfahrungen und Merkmalen der beteiligten Personen abhängig. Je nach den gegebenen Voraussetzungen wird daher eine Einigung unterschiedlich schwer zu erreichen oder im Grenzfall sogar ausgeschlossen sein. Ganz wesentlich für das Gelingen ist allerdings das Verhalten der Schulleitung.

Wie ist das Buch aufgebaut?

Ausgehend von typischen Konfliktpotentialen in der Schule, die anhand von praktischen Beispielen erläutert werden (Kapitel 1), folgt eine *allgemeine* theoretische Analyse von grundlegenden Bedingungen, Formen und Abläufen interpersonaler Konflikte (Kapitel 2). Daran anschließend werden dann die *speziellen* Bedingungen der Verantwortung der Schulleitung herausgearbeitet. Hierbei geht es insbesondere um den *rechtlichen Rahmen* und dessen Relevanz für das alltägliche Entscheiden und Handeln (Kapitel 3). Da es einen wesentlichen Unterschied ausmacht, ob man es bei Konflikten mit *Einzelpersonen* oder mit *Gruppen* zu tun hat, werden dann wichtige theoretische Grundlagen behandelt (Kapitel 4), die wiederum die Verständnisbasis für die in Kapitel 5 beschriebenen *erprobten Vorgehensweisen und Strategien* liefern. Häufig unberücksichtigt bleibt in der Praxis ein *langfristiges Konfliktmanagement.* Hierzu werden eine Reihe von Anregungen und Empfehlungen gegeben (Kapitel 6). Die abschließenden Kapitel 7 und 8 enthalten stichwortartig Hinweise zu typischen Fehlern und häufig gestellten Fragen von Schulleitern. Sie bringen problem-spezifische Anregungen, sind aber auch zur Selbstkontrolle des Lernerfolgs hinsichtlich des Transfers auf konkrete Problemlagen geeignet.

Zur Ihrer Orientierung haben wir grundlegende Informationen und Erläuterungen von Zusammenhängen mit ❗ gekennzeichnet. Nützliche Hinweise und Empfehlungen für die praktische Umsetzung erkennen Sie an dem Zeichen ⊜, Weiterführendes wie Literaturhinweise durch ». Weitere Textmarkierungen sind:

★ = Beispiel

👁 = Stolperstein

Die Quicktour: Falls Sie es eilig haben

Wenn Sie unter Zeitdruck in einer aktuellen Situation an einer raschen, gezielten Lektüre interessiert sind, empfehlen wir folgende Abschnitte:

- Führung und Verantwortung: Kapitel 3
- Konfliktmanagement bei Einzelpersonen und Gruppen: Kapitel 4
- Schulleitung als Vermittler: Kapitel 5
- Langfristiges Konfliktmanagement: Kapitel 6
- Typische Fehler von Schulleitungen und Empfehlungen zu ihrer Vermeidung: Kapitel 8

Rudolf Knapp, Walter Neubauer,
Heiner Wichterich

1. Typische Konfliktpotentiale in der Schule

- Wie gehen Sie i. d. R. mit zwischenmenschlichen Konflikten um, wenn Sie diese erfolgreich bewältigen wollen?
- Wie würden Sie die genannten drei Konfliktfälle entscheiden und welche Entscheidungsalternativen sehen Sie noch?
- Wie würden Sie bei den weiteren skizzierten Konfliktpotentialen vorgehen?

Wie würden Sie als Schulleiter oder Schulleiterin* entscheiden?

Befragt man Schulleiter oder erfahrene Lehrer zu ihren Erfahrungen bei einem erfolgreichen Umgang mit zwischenmenschlichen Konflikten, so finden sich die verschiedensten Aussagen. Der eine schwört auf die befreiende Wirkung eines »reinigenden Gewitters«, der andere auf die Exaktheit seiner Anordnungen, wieder ein anderer auf sein soziales Gespür oder auf die Notwendigkeit des Eingehens auf die Anliegen der Konfliktgegner.

Zur Verdeutlichung der schwierigen Problematik und der Gefahr einer Eskalation von Konflikten finden Sie hier zunächst drei Konfliktfälle. Bearbeiten Sie bitte diese Fälle und stellen Sie sich dabei folgende Fragen:

- Wie würde ich als Schulleiter/Schulleiterin in einem solchen Fall entscheiden?
- Welche Erfahrungen habe ich bereits in solchen oder ähnlichen Fällen gemacht?

Fall 1: Erweiterung der Pausenaufsicht?

Auf dem Schulhof eines vierzügigen Gymnasiums führen zwei Lehrkräfte Aufsicht in den Pausen. Nachdem sich im schlecht einsehbaren Teil des Schulhofes mehrmals Schüler rauften und die Streithähne nur mit Mühe getrennt wurden, wenden sich vier Lehrkräfte an die Schulleitung. Sie möge die Anzahl der Aufsichtspersonen erhöhen. Nach-

* Um den Lesefluss nicht zu stören, wird im Text meist die männliche Schreibweise der Berufsbezeichnungen verwendet. Selbstverständlich sind immer männliche und weibliche Personen gemeint.

dem sich die Schulleitung gründlich über den Sachverhalt informiert hat, setzt sie das Thema »Erweiterung der Aufsicht in den Pausen?« als Diskussions- und Entscheidungspunkt auf die Tagesordnung der nächsten Lehrerkonferenz. Bei dieser Konferenz wehrt sich die Mehrzahl der Lehrerinnen und Lehrer gegen den Vorschlag, eine dritte Pausenaufsicht vorzusehen. Sie berufen sich darauf, dass bisher zwei Aufsichten ausgereicht hätten. Eigentlich wäre auch noch nichts Ernsthaftes passiert.

Alternative 1

Die Schulleitung belässt es bei zwei Aufsicht führenden Lehrkräften. Sie akzeptiert auch die zusätzlich vorgebrachten »menschlichen Gründe«, nämlich

- möglichst alle Lehrkräfte sollten sich in den Pausen erholen können, zumal der insgesamt gestiegene Anteil verhaltensauffälliger Kinder den Unterricht stark belaste,
- für die vielen Teilzeitkräfte sei Aufsichtsführung ohnehin wenig angenehm.

Alternative 2

Die Schulleitung sieht angesichts zunehmender Gefahren für die Schüler eine dritte Aufsichtskraft für erforderlich an. Sie beschreibt die eindeutige Rechtslage und verweist auf ihre Verantwortlichkeit und Zuständigkeit in diesem Rahmen. Obwohl die Mehrzahl der Mitglieder der Lehrerkonferenz nicht bereit ist, vom früheren Grundsatz der zwei Aufsichtspersonen für die Pausen abzurücken, ordnet sie die Einteilung einer dritten Pausenaufsicht an.

Gibt es noch andere Alternativen?

Fall 2: Sollte Ralf noch eine vier in Mathematik bekommen?

Am Sprechtag kommen die Eltern von Ralf, Schüler der Klasse 9 b (Hauptschule), zur Schulleitung. Sie erklären, dass der Mathematiklehrer keine Chance mehr für eine vier im Fach Mathematik für Ralf sehe. Sie finden das unglaublich. Diese schlechte Zensur würde den Übergang von Ralf in die Klasse 10, Typ B, verhindern. Er könne dann nicht an dieser Schule im nächsten Jahr die FOS-Reife erlangen. Der Mathematiklehrer stelle sowieso überzogene Leistungsanforderungen, so dass die Hälfte des Kurses ein mangelhaft hätte.

Alternative 1

Der Schulleiter verspricht den Eltern, mit dem betreffenden Kollegen über dieses Problem zu sprechen. Er würde nachfragen, ob dieser nicht angesichts der besonderen Bedeutung der Mathematikzensur im Hinblick auf den Übergang den schwachen Schülern seines Kurses noch eine Chance geben könnte. Bei nächster Gelegenheit wendet er sich an seinen Kollegen und informiert ihn über das, was die Eltern äußerten. Der Mathematiklehrer erläutert die Leistungssituation in seinem Kurs. Die Mehrzahl der Schülerinnen und Schüler zeigt seiner Auffassung nach Desinteresse am Fach und ist undiszipliniert. Ralf B. fällt da besonders unangenehm auf. Er wird daher die Eltern von Ralf zu einem Gespräch in die Schule einladen und erläutern, dass es offensichtlich allein an Ralf liegt, wenn sich an der Zensur noch etwas ändern soll.

Alternative 2

Der Schulleiter lässt sich aufgrund der Elternbeschwerde die Klassenarbeiten im Mathematikkurs vorlegen und die Notenbildung erläutern. Er kritisiert die schlechten Arbeitsergebnisse und deutet an, dass ein Unterricht, der mehr auf die tatsächliche Leistungsfähigkeit der Gruppe ausgerichtet wäre, das Notenbild verändern würde. Der Mathematiklehrer verweist auf das generell fehlende Interesse der meisten Schülerinnen und Schüler dieses Kurses. Viele legten es nur darauf an, den Unterricht zu stören. Ralf B. sei in der Leistung und im Verhalten besonders negativ auffällig. Der Schulleiter gibt zu bedenken, dass die vielen mangelhaften Zensuren im Unterricht seines Kollegen auch als Disziplinierungsnoten verstanden werden könnten. Er fragt: »Kann der Unterricht vielleicht abwechslungsreicher gestaltet werden, um dadurch mehr Interesse für das Fach zu wecken und auf diesem Wege Zensuren wenigstens bei einigen Schülerinnen und Schülern zu bessern?« Er hoffe nur, dass die Eltern von Ralf nicht die Schulaufsicht einschalteten.

Gibt es noch andere Alternativen?

Fall 3: Immer Ärger mit der Nutzung eines Schulraums außerhalb der Unterrichtszeit!

Die Stadt S. hat bei der Schule A. einen Klassenraum erbeten, in dem der Musikverein zweimal in der Woche abends proben kann. In Absprache mit dem Kollegium wurde ein hierfür passender Raum gefunden. Nach 14 Tagen beschwert sich die Kollegin V. bei der Schulleitung, dass ihr Klassenraum, in dem der Musikverein probt, am Morgen danach eine Zumutung sei. »Zigarettenasche liegt auf dem Fußboden, Zigarettenkippen finde ich zwischen den Blumen und einige Bierflaschen unter den Schülertischen. Gehen Sie mal bitte morgens in den Raum. Der ist ungelüftet. Ein Unterrichten ist so stark beeinträchtigt! Die Schülerinnen und Schüler sagen: ›In den Raum gehen wir nicht mehr‹«.

Alternative 1

Die Schulleitung setzt sich mit dem Schulträger, dem Schulamt der Stadt, in Verbindung und informiert über die Vorkommnisse. Sie bittet mit Nachdruck darum, die Stadt möge auf den Musikverein einwirken, dass der betreffende Klassenraum ordnungsgemäß verlassen wird. Die Stadt verspricht, den zuständigen Leiter der Musikgruppe aufzufordern, solche unangenehmen Situationen nicht noch einmal entstehen zu lassen.

Alternative 2

Die Schulleitung beschwert sich beim Musikverein und teilt ihm mit, dass sie im Rahmen ihres Hausrechts in Zukunft die Benutzung des Schulraumes untersagen müsse, wenn der Raum noch einmal so unordentlich und ungelüftet hinterlassen würde. Sie sei schließlich für die Schulhygiene und störungsfreien Unterricht verantwortlich. Dies werde sie auch das Schulamt wissen lassen.

Gibt es noch andere Alternativen?

Im folgenden Kasten finden Sie eine Reihe weiterer Beispiele für Konfliktpotentiale aus der Sicht der Schulleitung.

Aufgabe: Weitere Konfliktpotentiale

- Bearbeiten Sie bitte **vor der Lektüre** der nachfolgenden Kapitel die einzelnen Problem-Situationen und überlegen Sie Ihr geplantes Vorgehen.
- Bearbeiten Sie bitte dann **nach der Lektüre** der nachfolgenden Kapitel die einzelnen Problem-Situationen und vergleichen Sie, ob Sie nun anders handeln würden.

1) **Vertretungsplan:** *»Immer ich?«*
   Wie kann durch gründliche und mit dem Kollegium abgestimmte Planung einseitige Belastung einzelner Kolleginnen und Kollegen verhindert werden?

2) **Zusatzaufgaben:** *»Ich möchte meine Aufgabe der Kooperation mit den weiterführenden Schulen gerne abgeben.«*
   Wie lassen sich die anstehenden Zusatzaufgaben so verteilen, dass hierbei die gleichmäßige Belastung sowie das individuelle Interesse mit berücksichtigt werden?

3) **Einführen von neuen Richtlinien und Lehrplänen:** *»Ich habe zusammen mit Frau L. die Veränderungen vorgestellt. Wir hatten uns gut vorbereitet. Uns ärgert das Desinteresse so vieler.«*
   Wie schaffen wir es, Innovationen zum Anliegen möglichst aller Kolleginnen und Kollegen werden zu lassen?

4) **Lehrmaterial:** *»Wieder hortet Kollege E. Materialien des Sachunterrichts. Wir suchen sie und laufen hinter ihm her.«*
   Sollte nicht die Lehrer- und Fachkonferenz das Problem mal endgültig regeln?

5) **Zusammenarbeit:** *»Wer arbeitet mit wem im neuen Schuljahr in der Stufe zusammen?«*
   Wie kann ein leistungsfähiges Team gefunden werden, das auch menschlich einigermaßen harmoniert?

6) **Leistungsbeurteilung:** *»Ich habe keine Lust, mir dauernd von den Eltern vorwerfen zu lassen, ich zensierte die Klassenarbeiten zu schlecht. Bei den Kolleginnen und Kollegen gäbe es nur sehr gut und gut!«*
   Vielleicht sollten wir uns doch mal daran setzen und »Grundsätze zur Leistungsbewertung« erarbeiten!?

7) **Überempfindliche Schulleiterin:** *Kollegin R. äußert im Kollegium: »Frau L. fühlt sich sehr schnell angegriffen und reagiert sehr heftig auf Kritik. Manchmal beleidigt sie uns dabei. Das gesamte Kollegium projiziert inzwischen viel auf das ›schwarze Schaf‹ unserer Schule. Ihre Briefe an einzelne von uns sind doch nur ein Zeichen von Schwäche. Ich meine, wir sollten die Schulaufsicht einschalten.«*
Wie kann eine so eingeschätzte Schulleitung überhaupt noch funktionieren? Was könnte und sollte sie von sich aus tun?

8) **Umgang mit verhaltensauffälligen Schülerinnen und Schülern:** *»Das geht doch nicht, dass wir alle unterschiedlich mit den schwierigen Schülerinnen und Schülern umgehen. Da ist alles dabei: von Anpassung, Übersehen bis zu nichts bedeutenden Standpauken.«*
Wie könnte sich ein Kollegium grundsätzlich abstimmen und zu einer Linie finden, die die pädagogische Freiheit des einzelnen nicht unzumutbar einengt?

9) **Erkrankung einer Lehrkraft:** *»Frau M. hat offensichtlich Alkoholprobleme. Sie nimmt sooft ›Auszeiten‹ gerade von Freitag bis Montag. So geht das nicht weiter!«*
Fortgeschrittene Alkoholprobleme, die auf eine Abhängigkeit schließen lassen, sind zwar aus Fürsorgepflicht der Schulleitung auch ihre Angelegenheit, aber nur unter Einbezug der Schulaufsicht und ärztlicher Hilfe anzugehen.

Um abschätzen zu können, wie sich ein bestimmtes Eingreifen der Schulleitung auswirkt und welche Bedingungen dabei zu beachten sind, ist es erforderlich, die sozialpsychologischen, aber auch die schulrechtlichen Aspekte zu berücksichtigen.

Weiterführendes

Avenarius, H. & Heckel, H. (2000[7]): Schulrechtskunde. Neuwied, Kriftel.

Bieger, E. & Mügge, J. (1995): Hinter Konflikten stecken Energien. Kompetenz für Leitung und Moderation. Hamburg.

Myschker, N. (1996[2]): Verhaltensstörungen bei Kindern und Jugendlichen. Stuttgart, Berlin, Köln.

Schulz v. Thun & Ruppel, J. & Stratmann, R. (2000[4]): Miteinander reden. Kommunikationspsychologie für Führungskräfte. Reinbek bei Hamburg.

Stimmer, Fr. (2000): Suchtlexikon. München.

Wallrabenstein, W. (Hrsg.) (1999): Gute Schule-schlechte Schule. Ein Schwarz-Weiß-Buch. Reinbek bei Hamburg.

2. Was ist ein Konflikt?

- Was sind die Merkmale von interpersonalen Konflikten?
- Welche Formen und Haupttypen von Konflikten gibt es?
- Wann ist ein Konflikt gelöst und wann nicht?

Merkmale von Konflikten

Konflikte und Konfliktverhalten sind Forschungsgegenstand verschiedener wissenschaftlicher Disziplinen (vgl. Deutsch, 1976; Fischer & Wiswede, 1997; Glasl, 1997; Weede, 1985). Es ist daher nicht verwunderlich, dass unter Bezug auf die recht unterschiedlichen theoretischen Orientierungen und Fragestellungen keine einheitliche Definition für Konflikte vorliegt. Beschränkt man sich auf die im Rahmen der Schule üblicherweise auftretenden Konflikte, so lassen sich folgende wichtigen *Merkmale* feststellen (Neubauer u. a. 1999, S. 5 ff.):

1) Vorhandensein von mindestens zwei Konfliktparteien

Es gibt zwei oder mehrere »Parteien«, die sich als Gegner gegenüberstehen, inhaltlich verschiedene Standpunkte vertreten, wobei das Verhalten der einen Partei Konsequenzen für das Verhalten der anderen Partei nach sich zieht. Wichtig ist, dass eine solche Partei immer durch konkrete Personen repräsentiert wird, nicht etwa durch abstrakte Prinzipien oder Ideologien (Pikas, 1974).

2) Unvereinbarkeit von wichtigen Zielsetzungen

Eine Konfliktpartei will ein bestimmtes Ziel erreichen und nimmt wahr, dass die andere Konfliktpartei dagegen ist. Die diskrepanten Standpunkte resultieren aus der Wirksamkeit subjektiver Interessen (Motive), grundlegender Überzeugungen und Werthaltungen sowie aus den damit verbundenen Erwartungen und Einstellungen. Dies bedeutet, dass es nicht nur unterschiedliche Meinungen über den Sachverhalt gibt, sondern der eigene Standpunkt wird als richtig, der des Gegners als irrelevant oder falsch beurteilt. Außerdem wird die eigene Zielsetzung als so wichtig angesehen, dass eine Durchsetzung und Realisierung auch bei Widerstand als dringend notwendig erscheint.

3) Unvereinbarkeit des Verhaltens

Kennzeichnend für einen zwischenmenschlichen Konflikt ist schließlich das direkt beobachtbare Konfliktverhalten. Typisch dafür ist, dass das Verhalten einer Partei das Verhalten der anderen Partei behindert, blockiert, dieses stört und es weniger aussichtsreich und wirksam macht (Deutsch, 1976). Begleitet wird diese Auseinandersetzung von negativen Gefühlen gegenüber der anderen Konfliktpartei, die von emotionaler Ablehnung bis zu Hass und offener Feindschaft reichen können.

Im Ergebnis bedeutet dies, dass sich die Konfliktparteien gegenseitig frustrieren. Da eine Blockierung und Behinderung des Zielverhaltens massive Emotionen erzeugt, besteht grundsätzlich die *Gefahr der Konflikt-Eskalation*, d. h. die Bemühungen werden intensiviert. Je länger die Blockierung andauert und je zentraler die Motive sind, umso größer ist die Wahrscheinlichkeit einer Eskalation.

Formen des Konflikts

Zweckmäßig ist es, zwischen verschiedenen Formen eines Konflikts zu unterscheiden:

- **Subjektiver und objektiver Konflikt**

Wichtig für das Entstehen und Erleben eines Konflikts ist, wie die einzelne Konfliktpartei die Situation und die andere Konfliktpartei wahrnimmt. Es kann *subjektiv* ein Konflikt erlebt werden, wo faktisch für die andere Partei oder die übrigen Personen *objektiv* gar keiner gesehen wird. Andererseits ist es auch möglich, dass objektiv ein Konflikt vorliegt (z. B. eine Interessendivergenz), ohne dass dies von den Beteiligten erkannt wird.

- **Intra- und Intersystem-Konflikt**

Unvereinbare Ziele und Handlungstendenzen können *innerhalb* von Personen, Gruppen oder Organisationen auftreten, aber insbesondere auch *zwischen* Personen, Gruppen und Organisationen. Intrapersonale Konflikte werden auch als psychische Konflikte bezeichnet (z. B. Rollenkonflikt); sie können zwar die Zusammenarbeit empfindlich stören, bleiben aber im Folgenden unberücksichtigt, da sich Fragen des Konfliktmanagements vor allem auf interpersonale Konflikte beziehen. Hierbei gibt es eine Vielzahl möglicher Kombinationen. Wichtig für den schulischen Alltag sind insbesondere Konflikte zwischen zwei Personen (Dyaden), zwischen einer Person und einer Gruppe (z. B. Mobbing), innerhalb von Gruppen (z. B. zwischen einzelnen Cliquen mit informellen Führern) sowie zwischen zwei oder mehreren Gruppen. Durch die Beteiligung mehrerer Personen erhält die Auseinandersetzung einen gewissen Grad an Öffentlichkeit. Man hat sich vorher auf einen bestimmten Standpunkt festgelegt und es geht darum, nicht »das Gesicht zu verlieren«. Aus diesem Grunde erfordert die Behandlung von Konflikten mit Gruppen die zusätzliche Berücksichtigung von Kenntnissen der Gruppenpsychologie (vgl. Kapitel 4).

- **Oberflächenstruktur und Tiefenstruktur von Konflikten**

Der äußere aktuelle Konfliktanlass betrifft häufig nur die Oberflächenstruktur unvereinbarer Ziele, aber meist bestehen verborgene Anliegen der Opponenten, die eine einfache Konfliktlösung nicht zulassen. Diese müssen daher thematisiert werden, um auf dieser Basis tragfähige Lösungen zu finden.

Da Konflikte ohnedies als Störungen der gewohnten Abläufe erlebt werden, die viel Zeit in Anspruch nehmen, begnügt man sich oft mit oberflächlichen Regelungen. Wenn aber zwischen den gleichen Personen oder Gruppen immer wieder solche Probleme auftreten, sollte dies zum Anlass für eine gründliche Klärung der Beziehung genommen werden.

Haupttypen sozialer Konflikte

In der Literatur finden sich verschiedene Vorschläge zur Kategorisierung von interpersonalen Konflikten (Deutsch 1976; Fischer & Wiswede 1997). Wenig hilfreich ist es, wenn nach vordergründigen Inhaltsbereichen vorgegangen wird (Kommunikationskonflikt, Beeinträchtigungskonflikt u. a.), da sich die Auseinandersetzungen bei einer gestörten Beziehungsqualität an jedem Inhalt festmachen lassen.

Relativ leicht lösbar sind im Allgemeinen die *Verteilungskonflikte*, bei denen es um den Zugriff auf Ressourcen geht (z. B. Nutzung eines Raumes). Demgegenüber sind *Wertekonflikte* nur schwer zu lösen, da sie die Tiefenstruktur persönlicher Grundüberzeugungen berühren. Die wahrgenommenen Wert-Kongruenzen stellen eine wesentliche Grundlage dafür dar, dass überhaupt eine Vertrauensbeziehung entstehen kann (Sitkin & Roth, 1993). Bei wahrgenommener Wert-Kongruenz führen Konflikte mit der anderen Person zu einer kontext-spezifischen Verminderung des Vertrauens, man geht aber davon aus, dass man sich grundsätzlich einigen kann – und bemüht sich dann auch darum. Völlig anders ist die Situation bei einer wahrgenommen Nicht-Übereinstimmung zwischen den eigenen Werten und den Werten der anderen Person, es entsteht Misstrauen. In diesem Fall ist man ziemlich sicher, dass man niemals zu gemeinsamen Lösungen findet. In der Folgezeit kommt es nach Sitkin & Roth (1993) immer häufiger zu bürokratischen (sog. »legalistischen«) Reaktionen wie Betonung formaler Regelungen und Prozeduren, erhöhte Beachtung rechtlicher Absicherung und zu einem stärkeren Gebrauch juristischer Rhetorik.

Konfliktregelung oder Konfliktlösung?

Am besten ist es, wenn die Schulleitung durch effiziente Personalführung und klare Strukturierungen bereits im Vorfeld dem Entstehen mancher Konflikte vorbeugt. Trotzdem lassen sich Konflikte nicht völlig vermeiden.

Kleinere Konflikte verlieren oft ihre Brisanz, wenn die emotionale Erregung (z. B. Verärgerung über einen Kollegen) nach Ablauf einiger Zeit abgeklungen ist. Man sieht den Sachverhalt dann »nüchterner« und bespricht dies mit der anderen Person. Aus diesem Grund gibt es beispielsweise beim Militär die Vorschrift, dass eine Beschwerde erst nach Ablauf einer Nacht in schriftlicher Form eingereicht werden darf.

Ein solcher Konflikt ist allerdings nur dann beigelegt, wenn nicht erneut ein ärgerlicher Anlass entsteht (»Schon wieder der Kollege X«). Es genügt häufig ein ansonsten belangloser Grund, um erneut eine heftige Auseinandersetzung entflammen zu lassen (vgl. Neubauer, 1997).

Eine andere Möglichkeit des Umgangs mit Konflikten besteht darin, dass Konfliktregelungen durch *Einsatz von Macht* erzwungen werden. Beispielsweise schlichtet der Schulleiter einen heftigen Streit zwischen Kollegen, indem er ein »Machtwort« spricht.

Durch Einsatz von Machtmitteln kann man zwar ein bestimmtes Verhalten erzwingen, aber man erreicht damit keine echten Konfliktlösungen. Denn ein Konflikt ist nur dann wirklich »gelöst«, wenn die beteiligten Konfliktparteien dies selbst so wahrnehmen und für sich akzeptieren (Pikas, 1974). Ungünstig ist der Einsatz von Macht bei Konflikten vor allem aus folgenden Gründen (vgl. Neubauer, 1997):

- Die angeordnete Regelung bringt bestenfalls kurzfristig Erfolg, da der eigentliche Konflikt unter der Oberfläche weiter schwelt. So wundern sich etwa manche Schulleiter, warum im Laufe der Zeit im Kollegium immer mehr Schwierigkeiten entstehen und schon beim geringsten Anlass Unnachgiebigkeit, heftige Erregungen oder Interesselosigkeit auftreten. Dies sind alles Symptome dafür, dass Konflikte in der Vergangenheit nicht aufgearbeitet wurden.

- Bei der Durchsetzung bestimmter Regelungen durch formale Machtmittel liefert der Schulleiter ein Verhaltensmodell für alle übrigen. Er darf dann nicht erstaunt sein, wenn die übrigen Verhandlungspartner (z.B. Eltern) sich zusammenschließen, um ebenfalls durch Einsatz von formaler Macht bestimmte Regelungen durchzusetzen oder zu verhindern (z.B. durch Rechtsmittel).

Die beste Art, mit Konflikten umzugehen, ist es, sich gemeinsam um eine zufriedenstellende Lösung zu bemühen. Dies gelingt nur, wenn die Konfliktparteien hinreichend Gelegenheit erhalten, ihre Anliegen darzustellen, das Problem sachlich zu diskutieren und Lösungsmöglichkeiten zu suchen.

Konfliktmanagement mit nachhaltiger Wirkung gelingt am besten durch eine *kooperative Problemlösung*. Dabei sollten folgende Punkte beachtet werden (vgl. Neubauer, 1997):

- Jede Konfliktpartei sollte ausreichend Gelegenheit haben, ohne gestört oder unterbrochen zu werden, den eigenen Standpunkt darlegen zu können. Bei heftigen Konflikten empfiehlt es sich, ausdrücklich eine entsprechende Spielregel einzuführen.
- Manche Gesprächsleiter machen den Fehler, sich von den Konfliktparteien deren Problem oktroyieren zu lassen und bemühen sich, durch eigene Vorschläge oder Appelle den Konflikt beizulegen. Dieses sollte aber primär ein Problem der Konfliktparteien bleiben. Der Gesprächsleiter hilft ihnen bei der Lösungsfindung, belässt aber das Problem bei den Betroffenen. Solange die Konfliktparteien nicht gewillt sind, ihre Beziehungsstörung ernsthaft zu bereinigen, wird der Gesprächsleiter jedoch bei allem Bemühen erfolglos bleiben. Die Vorschläge werden dann von den Konfliktparteien abgelehnt oder nur oberflächlich umgesetzt. Daher muss der Problemlösungsdruck bei den Konfliktparteien bleiben.
- Der Gesprächsleiter sollte am Anfang des Gesprächs deutlich machen, dass es ihm um eine faire Lösung geht (z. B. durch eine entsprechende Ich-Botschaft) und sich auch durchgängig so verhalten.

Wenn es durch eine effiziente Gesprächsführung gelingt, gewaltfrei eine für alle Beteiligten befriedigende Konfliktlösung zu erarbeiten, ergeben sich neben der Regelung von Sachproblemen noch *weitere wichtige Konsequenzen* (vgl. Neubauer, 1997):

- Alle Beteiligten lernen, dass man sich auch bei schwierigen Problemen einigen kann und wie man dabei vorgeht (Lerneffekt). Dies ist ein wichtiger Beitrag zur Förderung der Konfliktfähigkeit bei allen Beteiligten. Auch der Schulleiter lernt aus dieser Erfahrung und fühlt sich bei ähnlichen Problemfällen später sicherer.
- Die gemeinsame, gelungene Konfliktlösung stärkt das Wir-Gefühl und den Gruppenzusammenhalt (emotionaler Effekt). Es gibt kaum eine verbindendere Erfahrung als die gemeinsame Bewältigung von schwierigen Situationen.
- Die Bereitschaft, sich in diesem personalen Kontext zukünftig bei Problemen zu einigen, wird größer. Man ist außerdem motivierter, bei einem solchen Gespräch sich aktiv zu beteiligen und bei der späteren Realisierung einzusetzen (motivationaler Effekt).

Bei Organisationen, die durch die Formalisierung und Routinisierung ihrer Beziehungen Gefahr laufen, bestimmte Strukturen und Regelungen festzuschreiben, sind Konflikte sogar eine Chance, in kreativer Weise Veränderungen herbeizuführen – auch wenn dies eventuell mit viel Mühe und Anstrengung verbunden ist. Gelungene Konfliktlösungen haben geradezu eine befreiende Wirkung, sie ermutigen zu offener Kommunikation und stärken das Vertrauen in die Gruppe, aber auch in die Leistungsfähigkeit der eigenen Schule als Organisation im Wettbewerb.

Weiterführendes

Fischer, L. & Wiswede, G. (1997). Grundlagen der Sozialpsychologie. München, Wien.

Glasl, F. (1997). Konfliktmanagement (5. erw. Aufl.). Bern.

Weede, E. (1986). Konfliktforschung. Opladen.

3. Führung und Verantwortung

- Wie stellen Sie sich einen »denkwürdigen«, d. h. einen besonders positiv verlaufenen Schulalltag vor?
- Was bildet die maßgebliche rechtliche Grundlage für Ihr Handeln als Schulleitung?
- Was bedeutet Verantwortung der Schulleitung?
- Wie unterscheiden sich Vorgesetzter und Dienstvorgesetzter?
- Welche Grundkonflikte ergeben sich im schulischen Zusammenleben?
- An welchen Führungskriterien kann die Bewältigung der Rollenvielfalt der Schulleitung orientiert werden?

Die Breite der Verantwortung der Schulleitung veranschaulicht das folgende Wunschdenken eines Rektors zu einem idealen Schulalltag.

Ein »denkwürdiger« Tag für Rektor K., den es aber leider nie so gab!

Auf dem Weg zur Schule grüßt mich freundlich eine Gruppe unserer *Schülerinnen und Schüler* aus der Klasse 8 b.
Bei der Ankunft am Schulhaus empfängt mich der *Hausmeister* mit: »Das Schwarze Brett für die Elternvertretung habe ich schon gestern Nachmittag an die gewünschte Stelle in der roten Etage geschraubt. Das Putzpersonal hat sich übrigens nicht über eine schlecht aufgeräumte Klasse beschwert«.
In meinem Dienstzimmer erreicht mich kein eiliger Anruf: »Ich bin krank und kann leider nicht zum Dienst erscheinen.« Also ist heute *kein Vertretungsplan* erforderlich.
Einige *Kolleginnen und Kollegen* finden sich im Lehrerzimmer ein. Jetzt kommt der *stellvertretende Schulleiter* zur Tür hinein, ohne seine Tasche mit einem tiefen Seufzer auf den Tisch zu werfen. Er ist diesmal offensichtlich nicht schon um kurz vor 8 Uhr müde! Auch die nach und nach dazu kommenden Kolleginnen und Kollegen machen einen gut gelaunten Eindruck. Niemand muss noch schnell Kopien erstellen, »weil es gestern zcitlich zu eng war«.
Beim Gong erheben sich alle sofort, um die betreffenden Schülerinnen und Schüler in Empfang zu nehmen. Selbst Frau G. kommt

heute so pünktlich, dass sie zusammen mit ihrer Klasse nach oben gehen kann.
Im *Sekretariat* sagt Frau B: »Ich werde jetzt damit beginnen, die Ergänzungslieferung zur Schulrechtssammlung abzuheften«.
Bei der Schulpost finde ich eine freundliche Einladung zum nächsten informellen *Treffen der Schulleitungen* der Stadt. Kollegin S. möchte anschließend mit uns Würstchen braten. Die Grundschule J. bedankt sich für die »eindrucksvollen Informationen, die unsere Schülerinnen und Schüler beim Besuch Ihrer Schule im Rahmen der Kooperation erhielten«.
In der großen Pause kommt ein *Lehrerteam* des 5./6. Jahrgangs auf mich zu. Es möchte den Eltern an einem Abend zusammen mit den Schülergruppen einen Einblick in modernen Kunstunterricht verschaffen und sie zum Mitmachen auffordern.
Der *Schulaufsichtbeamte* meldet sich am Telefon. Er möchte einen Termin mit dem Kollegium und mir verabreden, um vor seiner Teilnahme am Unterricht einzelner Kolleginnen und Kollegen seine Kriterien für die Beurteilung und Beratung der Schule darzustellen. Außerdem kündigt er die Besetzung der offenen Planstellen durch eine Lehrerin mit dem Wahlfach Physik für das kommende Halbjahr an.
Die Zusammenkunft mit den *Elternvertretern* der 9 b ergibt, dass sie von dem »massiven Protest an die Schulaufsicht wegen des wenig ansprechenden Englischunterrichts des Kollegen M.« absehen wollen. Sie möchten erst mein Gespräch mit dem Kollegen abwarten.
Der Leiter des *Schulamtes der Stadt* teilt mir mit: »Der Schulausschuss hat der Neubepflanzung der westlichen Schulhofseite mit Sträuchern zugestimmt. Die Arbeiten können bald beginnen«.

- Haben Sie als Schulleiterin oder Schulleiter auch schon mal einen solchen denkwürdigen Tag erlebt?
- Welche Ereignisse Ihres Schulalltages erfordern ein aktuelles Konfliktmanagement?
- Machen Sie sich Ihre Situation bitte einmal grafisch klar und zeichnen einen Kreis, in den Sie sich als Schulleitung hineinschreiben. Vom Kreis lassen Sie Linien ausgehen wie Sonnenstrahlen. Die Anzahl der Strahlen entspricht der Anzahl der Kontakt- und Aufgabenfelder der Schulleitung. Notieren Sie bei jedem Feld ein Pluszeichen

(läuft im Moment gut) oder einen Blitz (hier zeigen sich Konflikte, die unmittelbar, mittel- oder langfristig bearbeitet werden müssen).
- Wo sehen Sie die Chance, durch ein langfristiges Konfliktmanagement zu Abstimmungen, Klärungen und Konsensprozessen kommen zu können, die eine versachlichte Konfliktbewältigung ermöglichen?

Die Kernaufgaben der Schulleitung ergeben sich aus der Verantwortung für die Durchführung der Bildungs- und Erziehungsarbeit an der Schule. Jede Lehrerin, jeder Lehrer ist zwar im Sinne pädagogischer Freiheit im eigenen Bereich verantwortlich, wie auch alle Lehrkräfte in der Schule mitverantwortlich sind, die generelle Verantwortung trägt aber die Schulleitung. Diese besondere Verantwortung des Schulleiters weisen auch die rechtlichen Vorgaben auf.

Rechtlicher Rahmen

In § 20 Schulverwaltungsgesetz (SchVG) des Landes Nordrhein-Westfalen heißt es z. B.:

- ***Der Schulleiter leitet die Schule. Er trägt die Verantwortung für die Durchführung der Bildungs- und Erziehungsarbeit in der Schule. Er ist Vorgesetzter aller an der Schule tätigen Personen. Der Schulleiter vertritt die Schule nach außen. Er trägt die Verantwortung für die Verwaltung der Schule, ihm obliegt die Erledigung der laufenden schulischen Angelegenheiten. Er nimmt das Hausrecht wahr.***
- ***Der Bildungs- und Erziehungsauftrag der Schule ist in enger Zusammenarbeit zwischen Schulleiter und Schulkonferenz zu erfüllen. Im Rahmen der sich aus § 5 SchMG ergebenden Zuständigkeit der Schulkonferenz ist der Schulträger an deren Beschlüsse gebunden.***
- ***Die äußeren Schulangelegenheiten sind in enger Zusammenarbeit zwischen Schulleiter und Schulträger durchzuführen. Die Anordnungen des Schulträgers sind für den Schulleiter verbindlich.***

In Ergänzung hierzu § 13 des Schulmitwirkungsgesetzes (SchMG) in Nordrhein-Westfalen:

- ***Der Schulleiter bereitet die Beschlüsse der Schulkonferenz vor und führt sie aus. Er entscheidet ferner in Angelegenheiten, die ihm durch die Schulkonferenz (...) übertragen worden sind.***
- ***Der Schulleiter entscheidet nach Beratung mit dem ständigen Vertreter in Angelegenheiten, die keinen Aufschub dulden (...)***
- ***Der Schulleiter hat Beschlüsse der Schul-, Lehrer-, Fach-, Klassen-, Jahrgangsstufen- oder Teilkonferenz, die gegen Rechts- und Verwaltungsvorschriften verstoßen, unverzüglich (...) zu beanstanden. (...)«***

Was »Verantwortung« der Schulleitung bedeutet

Verantwortung heißt für die Schulleitung, für ihr Wollen und Handeln sowie für deren Folgen einzustehen, d. h. auch Rechenschaft abzulegen. Schulleitung hat Verantwortung für etwas, nämlich für die Durchführung des Bildungs- und Erziehungsauftrags. Sie hat zudem Verantwortung vor jemandem, dem gegenüber eine Verpflichtung besteht: den Schülerinnen und Schülern, Kolleginnen und Kollegen, den Erziehungsberechtigten, der Schülerschaft, dem Schulträger, der Schulaufsicht.

Die Qualität der schulischen Arbeit und deren Ergebnisse ist maßgeblich davon abhängig, wie engagiert und motiviert die Lehrkräfte tätig sind. Daher ist die Schulleitung auch dafür verantwortlich, dass die Lehrerinnen und Lehrer ihre persönlichen Fähigkeiten und ihre Motivation in die Unterrichtsgestaltung und die damit zusammenhängende pädagogische Beziehung einbringen können und sich mit ihrer Aufgabe identifizieren. Schwierigkeiten und Konflikte im Lehrerteam müssen von der Schulleitung aufgegriffen und gemeinsam mit den betreffenden Personen möglichst konstruktiv bearbeitet werden. Da in Konfliktsituationen um Werte gerungen wird, muss die Schulleitung den Zusammenhang von Werten und deren Umsetzung in pädagogisches Handeln im Blick haben. Es gehört damit auch zur Verantwortung der Schulleitung, einen Wertekonsens über Bildungs- und Erziehungsfragen an der betreffenden Schule im Kollegium zu erarbeiten. Solche Definitionen müssen dann aber ihren Realisierungswert dadurch beweisen, dass sie durch konkrete Handlungskonzepte abgesichert werden (s.

Kap. 6 Langfristiges Konfliktmanagement). Mit Hilfe des definierten Wertekonsenses kann die Schulleitung bei der Konfliktbewältigung fundierter argumentieren – Patentrezepte für ein reibungsloses Zusammenarbeiten stellen sie jedoch nicht dar. Damit wird deutlich, dass es neben Lernprozessen, die Wissen, Können, Fähigkeiten und Fertigkeiten vermitteln, um eine ethisch orientierte Sensibilität für die Ausgestaltung des Zusammenlebens mit anderen Menschen gehen sollte. So könnte der Kerngedanke einer humanen Schule hohe Bedeutung gewinnen. Er bietet im konkreten Schulalltag erst den angemessenen Rahmen für die Leistungsentwicklung der jungen Menschen.

Für die Wahrnehmung von Verantwortung benötigt die Schulleitung Befugnisse (s. z. B. vorher Schulverwaltungsgesetz und Schulmitwirkungsgesetz in NRW). Sie muss sich auch im Schulalltag umfassend informieren. Konkret heißt das mit Blick auf die Lehrerebene u. a.: Sie darf

- den Unterricht der Lehrerinnen und Lehrer besuchen; das ist nicht nur möglich, wenn sie das ohnehin wegen der von der Schulaufsicht erbetenen dienstlichen Beurteilung tun muss,
- die Lern- und Unterrichtsplanungen der Lehrkräfte einsehen,
- Einblick nehmen in Klassenbücher sowie die Arbeitshefte und Klausuren der Schülerinnen und Schüler,
- die Leistungsmessung und Notengebung kontrollieren und die Rechtmäßigkeit (vor allem im Hinblick auf Beachtung des Grundsatzes der Gleichbehandlung) überprüfen,
- die Klassenbildung und den Lehrereinsatz vornehmen und ggf. Vertretungsunterricht anordnen.

In der Schule gibt es Aufgaben- und Arbeitsteilung zwischen Funktionsinhabern und den Lehrkräften. In NRW wird ganz viel durch das Schulmitwirkungsgesetz, das Schulverwaltungsgesetz und die Allgemeine Dienstordnung geregelt. Hiermit ist zwar eine Verteilung der Verantwortung gegeben, aber die Letztverantwortung bleibt bei der Schulleitung. Kommt eine vom Kollegium, der Schülerschaft, den Erziehungsberechtigten, dem Land gewünschte Innovation auf die Schule zu, dann ist sie auch Sache der pädagogischen Dimension der Schulleitung. So wird klar:

Veränderungen in der Schule werden nur dann wirklich wirksam, wenn die Schulleitung sich dafür öffnet und sie zu einer wichtigen Aufgabe erklärt!

! Vorgesetzter: ja; Dienstvorgesetzter: nein.

Irreführend ist die Auffassung, der Schulleiter (bzw. die Schulleiterin) sei »primus inter pares« (Erster bzw. Erste unter Gleichen). Vielleicht rührt das daher, dass die Funktionsinhaber auch als Lehrkräfte tätig sind. Das Verwirrspiel wird dadurch noch größer, dass die Begriffe »Vorgesetzter« und »Dienstvorgesetzter« verwechselt werden. *Vorgesetzter* ist jemand, der jemandem für seine dienstliche Tätigkeit Anordnungen und Weisungen erteilen kann. *Dienstvorgesetzter* ist derjenige, der für beamtenrechtliche Entscheidungen (statusändernde Maßnahmen) in persönlichen Angelegenheiten der ihm nachgeordneten Beamten zuständig ist.

In NRW bringt allerdings die Landesregierung durch ihr Modellprojekt »Selbständige Schule« auch eine Veränderung des allgemeinen Dienstrechts. Hier erhalten die am Projekt beteiligten Schulleitungen Eigenschaften von Dienstvorgesetzten (z. B. Einstellung von Lehrkräften) bis hin zur Disziplinargewalt. Die Schulleitung führt den Vorsitz in einigen Konferenzen. In NRW z. B. leitet sie die Schulkonferenz, das Entscheidungsgremium der Schule, und die Lehrerkonferenz. Gegenüber den Elternvertretern und -pflegschaften ist sie aber nicht Vorgesetzter! Sie ist an die Beschlüsse der Mitwirkungsgremien gebunden und hat sie zu beanstanden, wenn diese gegen Rechtsvorschriften verstoßen.

Grundkonflikte

Entsprechend der Fülle an Aufgaben der Schulleitung kann sich ein ebenso großes Spektrum an Konflikten ergeben. Das Zusammenleben und -arbeiten bringt das mit sich. Konflikte, die immer wieder entstehen können (vgl. Heckel/Avenarius 2000, 124), sind in folgenden Spannungsverhältnissen grundgelegt:

- im Verhältnis von Eltern/Schülern zur Schule, wenn deren Interessen und individuellen Forderungen die Rechte der Schule und der Lehrkräfte sowie das Gesamtwohl aller an der Schule Beteiligten gegenüber gestellt werden muss;
- im Verhältnis von Schulleitung und Lehrkräften, wenn einzelne Lehrerinnen und Lehrer den Weisungen der Schulleitung und den gefassten Konferenzbeschlüssen gegenüber ihr Recht der pädagogischen Freiheit herausstellen;
- im Verhältnis von Schulleitung und Mitwirkungsgremien (z. B. Schulkonferenz, Lehrerkonferenz), wenn die Schulleitung deren Beschluss aufgrund ihrer Gesamtverantwortung beanstandet;

- im Verhältnis von Schule und Schulträger, wenn z. B. die Wünsche der Schule nicht finanzierbar erscheinen oder die außerschulische Nutzung von Schulräumen durch den Schulträger den Unterrichtsbetrieb einschränkt;
- im Verhältnis von Schulleitung und Schulaufsicht, wenn die Schule z. B. das bestimmte Handeln eines Schulaufsichtsbeamten als zu starken Eingriff in ihren eigenverantwortlichen Gestaltungsbereich ansieht oder wenn sie in Konfliktfällen mit Erziehungsberechtigten zu wenig Unterstützung für den gedachten eigenen Weg erhält.

Rollenvielfalt der Schulleitung

Die Führungsaufgaben bringen es mit sich, dass die Schulleitung unterschiedliche Rollen wahrnehmen muss:

- **Experte** sein für Bildungs- und Erziehungsfragen (ohne sich unbedingt in allen Fachdidaktiken differenziert auszukennen) sowie für den schulrechtlichen Arbeitszusammenhang,
- **Coach** sein, der einzelne Kolleginnen und Kollegen in schwierigen beruflichen Situationen begleitet und berät,
- **Teamer und Moderator** sein, der auf gute Zusammenarbeit und effiziente Gruppenarbeit achtet, Konflikte früh erkennt und sie als **Mediator** gemeinsam und konstruktiv zu lösen versucht,
- **Ansprechpartner** sein für Schülerinnen und Schüler und Erziehungsberechtigte in besonderen Problemfällen,
- **Führungsperson** (Vorgesetzter) mit Vorbildcharakter sein, die Innovationen gegenüber aufgeschlossen ist und auch neue Wege aufzeigt. Zu dieser Rolle gehört: ggf. ein »Machtwort« zu sprechen, Konsequenzen zu verdeutlichen und sie notfalls auch zu realisieren,
- **Kooperationspartner** sein bei der Zusammenarbeit mit anderen Schulen, pädagogischen Einrichtungen der Jugendhilfe, Behörden und Institutionen.

Führungskriterien

Für die Bewältigung der Rollenvielfalt ist eine »stimmige Führung« (v. Thun 2002, 28 f.) erforderlich. Sie bedeutet für Sie, folgende drei Punkte in eine Balance zu bringen:

- Ich handle in Übereinstimmung mit meinen Wertvorstellungen, meinem Verständnis von Führung, meinen Eigenarten und Gefühlen.

- Ich bemühe mich um gute Kommunikation mit allen am Schulleben Beteiligten, hinterfrage mein Führungsverhalten und bin auch bereit, mich mit den Rollenpartnern auseinanderzusetzen.
- Ich handle situationsgerecht, d. h. mit Rücksicht auf die aktuelle Situation, die Gegebenheiten des Gesamtsystems Schule mit seinen pädagogischen Zielen.

Damit wird deutlich, dass Sie Ihren Gestaltungswillen mit dem Wissen um eigene Grenzen und die Ihrer Schule kombinieren müssen. Das erfordert Anpassungsfähigkeit von Ihnen. Natürlich sind Ihre eigenen Wertvorstellungen von Führung durch pädagogische Qualitätsprinzipien und nur wenig durch betriebswirtschaftliche Effizienzkriterien geprägt. Das heißt:

- Schule ist für Sie ein lebendiger Lernort. Sie sichert einen Grundbestand an Wissen und Können, legt viel Wert auf die Ausbildung sozialer Verhaltensweisen und zukunftsbezogener Fähigkeiten, wie Selbständigkeit, Kritik- und Konfliktfähigkeit (vgl. Humane Schule 2002, 22; Knapp 2002, 167),
- es wird stets hart daran gearbeitet, auch in schwierigen Prozessen der Konsensbildung und Selbstdisziplinierung, »eine Lern- und Kommunikationskultur aufzubauen, die ein förderliches Arbeitsklima schafft« (Brockmeyer 1997[8], 17),
- Echtheit und Offenheit, aber gepaart mit Takt und Diplomatie, d. h. einem Bewusstsein von eigener Kommunikationswirkung, sind für Sie ein wichtiges Anliegen (vgl. v. Thun 2002, 53).

Aufgabe
Konfliktfeld »Dienstliche Beurteilung«

Die Schulleiterin wird von der Schulaufsicht gebeten, einen Leistungsbericht über den Kollegen M. anzufertigen, da dieser sich um das Amt eines Fachleiters für das Fach Deutsch bei einem Studienseminar beworben habe. Der Schulleiterin fallen beim Unterrichtsbesuch dieses Kollegen bestimmte Schwachstellen im Deutschunterricht auf. Das betrifft fachliche Aspekte, aber auch die Beziehungsgestaltung mit den Schülerinnen und Schülern. Sie spricht ihre Beobachtungen im nachfolgenden Kolloquium an. Der Kollege akzeptiert die Problempunkte nicht. Er ist anderer Auffassung. Seinen Unmut über die Beurteilung seines Unterrichts erläutert er dem

Kollegium in der Pause sehr emotional. Davon erfährt die Schulleiterin. – **Wie soll sie sich nun angemessen nach Ihrer Meinung verhalten?**

Alternative 1: Sie reagiert gar nicht, weil sie davon überzeugt ist, die Unterrichtsleistung des Kollegen angemessen beurteilt zu haben.

Alternative 2: Sie bittet den Kollegen um ein Gespräch und macht hier deutlich, dass sie sich über die angeblich zu schlechte Beurteilung nur wundern könne. Sie habe nach bestem Wissen und Gewissen die gesehene Leistung beurteilt. Die Note »gut« sei doch eine wirklich anerkennenswerte Leistung. Die anderen Beurteilungsfelder, d. h. seine übrigen Unterrichtseinsätze und Sonderaufgaben sowie sein dienstliches Verhalten, werde sie ja noch gebührend im Gesamtbericht hervorheben. Zudem sei ihr Bericht nur ein Element in der Gesamtbeurteilung, die von seiten der Schulaufsicht ja noch komme. Diese würde vor allem seine Fähigkeiten und sein Wissen im Hinblick auf die angestrebte neue Tätigkeit ermitteln.
Welche weiteren Alternativen sehen Sie?

Weiterführendes

Avenarius, H. & Heckel, H. (2000[7]): Schulrechtskunde. Neuwied, Kriftel.

Gampe, H. & Knapp, R. u. a. (o. J.): Recht in der Schule – Nordrhein-Westfalen. Grundwerke SI/SII. Neuwied, Kriftel.

Grunder, H.-U. (2002): Schulentwicklung durch Kooperation und Vernetzung. Schule verändern. Bad Heilbrunn.

Klippert, H. (2000[2]): Pädagogische Schulentwicklung. Planungs- und Arbeitshilfe zur Förderung einer neuen Lernkultur. Weinheim.

Knapp, R. (2002): Der Beitrag der Schule für die Zukunftsfähigkeit der Gesellschaft. In: Boskamp, P. & Theisen, H. (Hrsg.): Krisen und Chancen unserer Gesellschaft. Ein interdisziplinärer Überblick. Berlin, S. 167 – 188.

Schulz v. Thun & Ruppel, J. & Stratmann, R. (2000[4]): Miteinander reden. Kommunikationspsychologie für Führungskräfte. Reinbek bei Hamburg.

4. Konfliktmanagement bei Einzelpersonen und Gruppen

- Wie wirken sich Konflikte zwischen einzelnen Personen und mit Gruppen aus?
- Wie entstehen Gruppenidentität und Wir-Gefühl?
- Wie ist mit Gruppen als Konfliktparteien generell umzugehen?
- Wie könnten Sie Konflikte mit einer Person oder mit einer Gruppe analysieren, um aus einer schwierigen Situation wieder herauszukommen?

Menschen verhalten sich bei einem Gespräch unter vier Augen meist völlig anders als wenn noch eine andere Person anwesend ist. Geradezu dramatisch kann sich das Verhalten ändern, wenn bei einem anfänglichen Gespräch unter vier Augen die hinzukommende Person der persönliche Konfliktgegner des Gesprächspartners ist. Schon an diesen einfachen Beispielen lässt sich erkennen, dass die Qualität der Beziehung eine wichtige Voraussetzung dafür ist, ob ein Gespräch zu einem befriedigenden Ergebnis führt oder nicht. Noch komplexer ist allerdings der Sachverhalt bei der Beteiligung von Gruppen.

Konflikte zwischen einzelnen Personen

Je intensiver ein Konflikt die Beziehung zwischen zwei Personen belastet, umso weniger sind sie in der Lage, miteinander darüber zu sprechen. Sie meiden sogar aktiv den Kontakt und gehen sich aus dem Wege. Um ihre Position zu stärken, suchen sie nach Verbündeten und reden schlecht über den anderen. Bei einem solchen Entwicklungsstadium benötigen die Konfliktparteien eine sog. Dritte Partei, die versuchen kann, durch »Meta-Kommunikation« (d. h. indem man über die gestörte Kommunikation auf der nächst höheren Ebene kommuniziert) eine Lösung herbeizuführen.

Ein solche Gesprächssituation ist vor allem durch folgende Aspekte schwierig:

- Durch einen intensiven interpersonalen Konflikt wird das Selbstkonzept und die Selbstwertschätzung jeder Konfliktpartei bedroht. Jeder streitet für seinen Standpunkt, da er von der Richtigkeit der eigenen Sichtweise überzeugt ist. Ein Nachgeben wird als Niederlage erlebt,

d. h. »man verliert das Gesicht«. Unnachgiebigkeit und Inflexibilität erschweren eine gemeinsame Problemlösung.

- Ein Ratschlag, von wem auch immer, wird häufig als Angriff auf die eigene Entscheidungs- und Handlungsfreiheit erlebt, gegen den man sich zur Wehr setzt. Dieses Phänomen wird als psychologische *Reaktanz* bezeichnet (Brehm & Brehm, 1981). Ziel dabei ist es, die vorherige Freiheit wieder herzustellen. Reaktanz kann sich in verschiedener Weise zeigen, so z. B.:
- Man bezweifelt die Beurteilung des Kindes durch den Lehrer, indem man auf eigene Beobachtungen in anderen Kontexten verweist. Eine aggressivere Variante dieser Form der Reaktanz wäre etwa, dass man der Schule oder dem Lehrer vorwirft, das Kind nicht optimal gefördert zu haben.
- Man bringt weitere Alternativen ins Gespräch.
- Man hört sich zwar die Empfehlung des Lehrers an, ohne zu widersprechen, denkt aber: »Ich mache ja dann ohnedies, was ich will!«
- Man weist den Lehrer darauf hin, dass die Entscheidung eindeutig bei den Eltern liegt und dass die Eltern dieser Empfehlung nicht folgen werden.
- Eine verdeckte Form der Reaktanz wäre etwa, wenn man gegenüber anderen Eltern die Kompetenz eines Lehrers anzweifelt oder schlecht über die ganze Schule spricht.

Zu beachten ist, dass die Reaktanz umso heftiger sein wird, je stärker die Bedrohung oder Einschränkung der eigenen Entscheidungs- und Handlungsfreiheit erlebt wird. Erfahrungsgemäß ist dann besonders mit Reaktanz zu rechnen, wenn sich der andere Gesprächspartner in seinem Selbstbild und in seiner Selbstwertschätzung getroffen fühlt. Gerade wenn der Lehrer von der Richtigkeit seiner Diagnose und seiner Empfehlung besonders überzeugt ist und versucht, diese Handlungsalternative gegenüber den Eltern persuasiv durchzusetzen, verursacht er selbst mit großer Wahrscheinlichkeit Reaktanz. Je »uneinsichtiger« daraufhin die Eltern reagieren, umso mehr wird sich vermutlich der Lehrer bemühen (wie er das aus dem Unterricht kennt), durch weitere Informationen oder durch Hinweis auf seine pädagogische Erfahrung und sein überlegenes Wissen die Eltern von der Richtigkeit der Empfehlung zu »überzeugen«.

Beim Konfliktmanagement empfiehlt sich daher ein Vorgehen, das es den Konfliktparteien ermöglicht, aus dieser Verteidigungshaltung heraus zu kommen, damit eine gemeinsame Bearbeitung der Konfliktursachen ermöglicht wird. Ein solches Vorgehen wird im Modell der kooperativen Entscheidungsfindung näher beschrieben (vgl. Kapitel 5).

Konflikte mit Gruppen

Viele Experimente haben gezeigt, dass das Ausmaß der Kooperation mit der Anzahl der beteiligten Personen sinkt (Marwell & Schmitt, 1975; Fox & Guyer, 1977; Liebrand, 1984). Dies bedeutet, dass die Konfliktkosten mit der Gruppengröße anwachsen (Fischer & Wiswede, 1997). Zum einen steigt mit zunehmender Größe eines Kollegiums die Wahrscheinlichkeit, dass Personen mit unterschiedlichen Erfahrungen, Einstellungen, Wertstrukturen und Grundüberzeugungen zusammenarbeiten sollen. Zum anderen haben aber die Experimente nachgewiesen, dass auch die Bereitschaft zur Kooperation mit steigender Anzahl der Personen abnimmt. Es kommt offensichtlich zu einer *Verantwortungsdiffusion* (»Es gibt außer mir noch genug andere, die diese Aufgabe übernehmen können.«). In kleineren und überschaubaren Gruppen ist unschwer ersichtlich, wer welche Funktionen übernommen hat, und im Wege der sozialen Kontrolle durch die übrigen Mitglieder der Gruppe kann kooperations-abweichendes Verhalten leichter geahndet werden.

Gruppen haben viele Vorteile, aber sie können im negativen Fall auch die Zusammenarbeit mit Einzelpersonen oder mit anderen Gruppen sehr erschweren. Dies gilt insbesondere bei interpersonalen Konflikten.

Gruppenidentität und Wir-Gefühl

Die Wahrscheinlichkeit einer spontanen Gruppenbildung hängt von verschiedenen Bedingungen ab. Wichtig ist zunächst die Anzahl der Personen. In kleineren Schulen bildet sich schon allein durch die begrenzte, überschaubare Anzahl der Personen und der damit einhergehenden Intensität der »Face-to-Face«-Kontakte meist relativ schnell eine Gruppe. Bei auftretenden Problemen können aber auch hier kleinere Gruppierungen entstehen (sog. Cliquen), die sich gegenseitig unsympathisch sind und mehr oder weniger bekämpfen. Bei größeren Schulkollegien werden im Allgemeinen stets mehrere Gruppen entstehen (z. B. Fachlehrer, Stufenlehrer), so dass die Schulleitung hier immer aktiv integrierend tätig sein muss, um ein Auseinanderdriften zu verhindern.

Gründe für die Entstehung solcher Gruppen und deren Einfluss auf die Gruppenmitglieder erklärt die *Theorie der Sozialen Identität* von Tajfel (1978). Zur Sicherung oder Erhöhung einer positiven Selbstwertschätzung ist es für jede Person sehr wichtig, zu einer Gruppe oder größeren sozialen Gruppierung zu gehören, aus der die Person ihre soziale Identität ableitet. Die Forschungsergebnisse zu diesem Vorgang lassen sich vereinfacht in folgenden Punkten zusammenfassen:

(1) Soziale Kategorisierung

Personen segmentieren ihre Umwelt hinsichtlich verschiedener Merkmale oder Merkmalsdimensionen in einzelne Kategorien; sie unterscheiden insbesondere auch zwischen der Kategorie, der sie selbst angehören (in-group) und denjenigen, denen sie nicht angehören (out-group). Als Merkmale dienen vor allem unmittelbar beobachtbare oder leicht zugängliche Eigenschaften (z. B. Hautfarbe, Geschlecht, Herkunftsland). Tajfel fand, dass bereits die bloße Einführung von Begriffen für solche Kategorien zu dieser Gruppenbildung führen kann (minimal group paradigm). Beispiel dafür ist die Unterscheidung nach »Ossi« und »Wessi«.

(2) Soziale Identität

Aus der Zugehörigkeit zu einer bestimmten Gruppe und aus der Beschaffenheit der Beziehungen dieser Gruppe zu anderen Gruppen wird die soziale Identität einer Person bestimmt (Gruppenidentität, nationale Identität usw.). Informationen über die Merkmale dieser sozialen Identität gewinnt die Person anhand von sozialen Vergleichsprozessen zwischen der eigenen Gruppe und den anderen Gruppen. Es entsteht bei den Gruppenmitgliedern (genauer: bei den Personen, die sich dieser Gruppe zurechnen) ein allgemein geteiltes Bewusstsein der Zusammengehörigkeit (»Wir-Gefühl«).

(3) Positive soziale Distinktheit

Diese Unterscheidung zwischen »Wir« und »die Anderen« bedeutet gleichzeitig eine *Abgrenzung*. Wenn eine Gruppe durch äußere Bedingungen ihren Bestand als bedroht sieht, rückt sie enger zusammen und grenzt sich noch schärfer ab.

Ferner konnte nachgewiesen werden, dass bei den Mitgliedern der eigenen Gruppe die *Ähnlichkeit der Merkmale* überschätzt wird, während zugleich die Ähnlichkeit mit den Außenstehenden und vor allem mit anderen Gruppen unterschätzt wird. Personen, die nicht zur eigenen Gruppe gehören, werden also als sehr verschieden wahrgenommen und erlebt (Diskrimination).

Besonders interessant ist aber, dass das Selbstbild der eigenen Gruppe *inhaltlich positiv* gesehen wird, während die Anderen (= Fremdbild) abgewertet werden. Solche Vorurteile werden durch die gegenseitige Bestätigung innerhalb der Gruppe besonders verstärkt (soziale Stereotype).

Diese Befunde konnten in vielen Untersuchungen bestätigt werden. Weiterführende Untersuchungen zeigen, dass eine solche Identifikation um so besser gelingt, je leichter die Unterscheidung von Eigengruppe und Fremdgruppe fällt (Vanbeselaere, 1987), je höher die Leistung der Eigengruppe eingeschätzt wird (Lalonde, Moghaddam & Taylor, 1987), je stärker man emotional in dieser Gruppe verankert ist und je mehr man dieser Gruppe vertraut (Hogg & Turner, 1985). Die Auswirkungen der Gruppenidentität erklären auch, warum manche Maßnahmen, die eine Kooperation mit anderen Personen oder Gruppen verlangen, von vornherein abgelehnt werden. Man begegnet solchen Plänen mit Argwohn, fühlt sich kontrolliert und ist wenig motiviert, aktiv mitzuwirken.

Gruppen als Konfliktparteien

Jeder Lehrer hat wohl schon die Erfahrung gemacht, dass sich ein Schüler in einem Gespräch unter vier Augen oft völlig anders verhält als in Anwesenheit weiterer Schüler. Dies gilt im Übrigen nicht nur für Schüler, sondern auch für Eltern oder Lehrer-Kollegen. Verursacht wird dieser Unterschied im Verhalten durch die *Wirkung der sozialen Kontrolle*. Als Gruppenmitglied nimmt jede Person eine bestimmte Rolle ein und hat sich an die Gruppennormen zu halten, wenn sie nicht Gefahr laufen will, von der Gruppe als Mitglied ausgestoßen zu werden.

Gruppennormen sind gewissermaßen die Spielregeln oder ungeschriebenen Gesetze der Gruppe. Sie legen fest, wie sich der einzelne zu verhalten hat, regeln aber auch, was nach Ansicht der Gruppe »vernünftige« Meinungen oder »richtige« Einstellungen und Werthaltungen sind. Die Gruppe wacht aufmerksam über die Einhaltung der Normen, Abweichungen werden entsprechend sanktioniert. Dies reicht bei Kindern und Jugendlichen von Lächerlich-machen, Entzug der Sympathie bis hin zu körperlichen Bestrafungen.

Gruppennormen können leistungsunterstützend (z. B. »Wir halten zusammen und schaffen es!«), aber auch kontraproduktiv sein (z. B. »Nicht überanstrengen, nur das Nötigste tun!«). Wenn sich eine Gruppe mit bestimmten Zielen identifiziert und sich diese zu eigen macht, kommt es zu einer sozialen Leistungsaktivierung, d. h. die Gruppenmitglieder sind besonders motiviert, diese Ziele zu erreichen. Sie leisten mehr, als sie dies für sich alleine tun würden. Die Frage ist nur, ob diese Ziele für die Schule als Ganzes nützlich sind oder sich gegen andere Gruppen oder Personen richten (vielleicht sogar gegen den Schulleiter).

Wenn sich eine Gruppe solidarisch für ein bestimmtes Ziel einsetzt, kann der soziale Druck auf andere ganz erheblich sein, auf jeden Fall stärker als die bislang geringe Positionsmacht des Schulleiters. Einen Extremfall dieser Art stellt das *Mobbing* dar (Leymann, 2000). Hierbei wendet sich eine Gruppe gegen eine unbeliebte Einzelperson, um systematisch Druck auf sie auszuüben. Hält dieser Vorgang über mehrere Monate oder länger an, kann dies bei der gemobbten Person zu erheblichen psychischen oder sogar physischen Schäden führen.

Bei einem eskalierenden Konflikt ist es naheliegend, dass sich eine Gruppe bedroht fühlt, sie rückt dann (als Ausdruck der Reaktanz) noch enger zusammen. Man hilft sich untereinander und gibt emotionale Unterstützung bei persönlichen Schwierigkeiten, aber behält wichtige Informationen für sich (nach dem Motto »Wissen ist Macht«). Sollte der Schulleiter durch ein ungeschicktes Eingreifen als Gegner wahrgenommen werden, wird die Situation zusätzlich erschwert.

Die beschriebenen Zusammenhänge gelten nicht nur dann, wenn bei einem Gespräch weitere Gruppenmitglieder als aufmerksame Beobachter und gewissermaßen als »Aufpasser« präsent sind (z. B. in einer Konferenz), sondern auch für das einzelne Gruppenmitglied, wenn es in einer Situation bewusst als Vertreter der Gruppe auftritt (informeller Gruppensprecher). Durch die Wirkung der sozialen Kontrolle ist es dann wesentlich schwieriger, eine Person in ihrer Rolle als Gruppenmitglied zu einem Einlenken oder einem Kompromiss zu bewegen.

Konfliktmanagement bei Gruppen

Die beschriebenen gruppendynamischen Prozesse lassen sich nicht außer Kraft setzen, aber man kann die Rahmenbedingungen beeinflussen, die für die Bereitschaft zur Einigung bei auftretenden Konflikten wichtig sind.

- **Aufbau eines interpersonalen Vertrauens**

Die Erfahrung, dass man gut zusammenarbeiten kann, ist eine wichtige Basis für das Entstehen gegenseitigen Vertrauens. Dies gelingt umso leichter, wenn man feststellt, dass man ähnliche Werte vertritt. Dieser Eindruck der Wert-Kongruenz oder -Inkongruenz kann offensichtlich bereits nach sehr kurzer Zeit aufgrund des ersten Eindrucks entstehen. Man hat häufig beim Erstkontakt mit dem Schulleiter, mit Kollegen oder mit anderen Personen den überzeugenden Eindruck, dass man der anderen Person vertrauen kann oder nicht. Da man sich dann auch entsprechend verhält, legt man ein vertrauensvolles Verhalten vor, das die andere Person erkennt und beantwortet. Zu diesem Zeitpunkt handelt es sich aber noch um ein »Pseudo-Vertrauen« (Gabarro, 1978), da es sich noch nicht in Belastungsproben zu bewähren hatte. Entscheidend ist daher, wie man bei Konflikten miteinander umgeht.

- **Konfliktkultur**

Jeder Schulleiter kann durch sein eigenes Verhalten einen wichtigen Beitrag zur Konfliktkultur leisten. Er ist ein Vorbild dafür, wie man mit interpersonalen Konflikten umgeht – auch wenn er selbst angegriffen wird. Dies ist nicht zuletzt eine Frage der Führungsethik. Wenn deutlich wird, dass er immer versucht, einen Konflikt möglichst fair unter Berücksichtigung der Anliegen der Konfliktparteien im Rahmen bestehender Vorgaben zu lösen und dies auch tatsächlich gelingt, entsteht eine allgemeine Erwartung, dass auch in Zukunft Konflikte zufriedenstellend bewältigt werden können (Neubauer, 2003).

- **Corporate Identity**

Soziale Identität braucht sich nicht nur auf Gruppen zu beziehen, sondern sie kann auch die Schule als übergreifende Einheit betreffen; man spricht dann von Corporate Identity. Gerade die Identifikation mit dem Ganzen macht es leichter, Gruppenegoismen zu relativieren. Wichtig ist allerdings, dass die Mitglieder der konfligierenden Gruppen erkennen, dass sie einen größeren Vorteil haben, sich zu einigen, damit die Schule im Wettbewerb durch inneren Zusammenhalt gestärkt wird.

Für eine erfolgreiche Strategie der Gesprächsführung beim Konfliktmanagement ergeben sich daher folgende Schlussfolgerungen:

1 Die gegenseitigen Vorwürfe und Angriffe der Konfliktparteien führen im Allgemeinen zu einer verstärkten Abwehrhaltung und zur Eska-

lation des Konflikts. Grundlegende Strategie der Gesprächsführung sollte es daher sein, zunächst die wechselseitigen Angriffe zu unterbinden und in Ruhe die jeweiligen kontroversen Standpunkte möglichst genau zu klären. Zu diesem Zweck ist es wichtig, von Anfang an bestimmte Spielregeln einzuführen wie »Jeder lässt den anderen aussprechen, ohne zu unterbrechen«.

2 Zur Erleichterung des Prozesses einer gemeinsamen Problemlösung ist es wichtig, dass die Beteiligten den Vorteil einer Einigung erkennen. Die Befunde zu austausch-theoretischen Ansätzen (Eisenberger et al., 1990) sprechen dafür, dass Mitarbeiter ihre Beziehung zum Vorgesetzten und zur Organisation danach beurteilen, was sie in eine solche Beziehung einbringen und was sie dafür erhalten. Ein Lösungsvorschlag wird umso eher akzeptiert, wenn er die Anliegen beider (oder möglichst aller) Konfliktparteien berücksichtigt.

3 Je mehr es gelingt, die Identifikation mit der Schule zu stärken, weil man stolz auf die gemeinsame Leistung und das Ansehen in der Öffentlichkeit ist, umso leichter und rascher wird man sich einigen.

Hinweise für das praktische Vorgehen

»Erst verstehen, dann das Gespräch!« ist ein nützlicher Ratschlag. Dies gilt besonders, *wenn man selbst in einen Konflikt verwickelt* ist.

Analyse eines Konflikts mit einer Person

Sie möchten aus einer verfahrenen Situation wieder herauskommen. Zielvorstellung Ihres Konfliktmanagements ist es, eine akzeptable Lösung für sich selbst wie für Ihren Gesprächspartner zu finden. Wenn die Lösung zudem dauerhaft sein könnte, wäre das noch besser. Unrealistisch ist allerdings die Vorstellung, alle Differenzen durch ein Gespräch beseitigen zu können. Auch wenn ein konkreter Konflikt bereinigt wurde, bleiben fast immer unterschiedliche Absichten, Interessen und Wahrnehmungen am Arbeitsplatz in der Schule. Ein Hindernis ist für Sie, dass Sie die Meinung und die Argumente Ihres Gegenübers nur pauschal kennen. Auch dessen Taktik bleibt Ihnen verschlossen. Ein Problem stellt ferner Ihre Auffassung dar, nur Ihre Sichtweise und Ihre Gründe wären die richtigen. Die Auseinandersetzung wird dadurch nicht nur schwieriger, sondern auch sehr einseitig, weil Sie zu unbeweglich sind.

	Argumente für den Standpunkt?	Mit Konflikt verbundene Gefühle?	Wer hat welches Problem?
Sicht der Schulleitung (»Meine Sicht«)			
Sicht des Konfliktpartners?			
Sicht eines neutralen Beobachters?			
Mögliche Schlüsse aus dem Vergleich			

Tabelle 1: Reflexionsraster für die Konfliktanalyse

Vorschlag

Bereiten Sie sich so gut wie möglich auf das Konfliktgespräch vor. Dazu gehört, die Konfliktsituation auch aus der Sicht Ihres Kontrahenten zu sehen – dies zumindest zu versuchen. Nehmen sie zusätzlich noch die Rolle eines fiktiven Beobachters ein, der den Konflikt und die Konfliktbewältigung aus neutraler Sicht beobachtet. Der Perspektivenwechsel kann hilfreich sein, um die eigenen Wahrnehmungen, die ja emotional wie kognitiv selektiv sind, zu erweitern. Vielleicht erkennen Sie so Übertragungen und Abwehrmechanismen bei sich selbst und beim Konfliktpartner und können sie auflösen? Das folgende Reflexionsraster (vgl. auch Stimmer, 2000, S. 127) bietet Ihnen Stichworte zur Analyse eines Konflikts mit einem einzelnen wie auch mit einer Gruppe. Sie sollten sie – je nach verfügbarer Zeit – ausführlich schriftlich bearbeiten (Reflexionsraster).

Welche Interessen und Bedürfnisse liegen vor?	Ziele für eine Konfliktlösung? – max.? – min.?	Methoden des Vorgehens	Unterstützung von wem?	Reaktion bei Niederlage bzw. mögl. Erfolg?

Analyse des Konflikts mit einer Gruppe

Falls Sie z. B. mit der Elternschaft einer Klasse in einem Konflikt stehen, so können Sie i. d. R. davon ausgehen, dass diese Gruppe keine vollständig einheitliche Meinung oder eine in sich schlüssige Strategie hat. Bei der Vorbereitung auf den Prozess der Konfliktbewältigung kommen Sie daher nicht umhin, sich mit den Rollen, die die einzelnen Eltern bei diesem Konflikt übernommen haben, zu befassen. Sie versuchen also – soweit wie möglich – Klarheit in die »gegnerische« Gruppenstruktur zu bringen. Gründet das bisherige Verhältnis zur Elternschaft insgesamt auf gegenseitigem Vertrauen und gelebter gegenseitiger Unterstützung in Erziehungs- und Bildungsfragen, auch in manchmal schwierigen Einzelfällen, so ist das ein wichtiger Anknüpfungspunkt. Ein solch positives Gesamtklima lässt i. d. R. einen evtl. eskalierenden Konflikt mit einem Kompromiss als Ergebnis ausgehen. Bei der Vorbereitung auf eine Konfliktbewältigung sollten Sie ergänzend zu den Stichworten des Reflexionsrasters versuchen, auf folgende Fragen eine Antwort zu finden (vgl. Kellner, 2000, S. 81 ff.):

1. Wer ist der Meinungsbildner in der Gruppe?
2. Wo liegen evtl. »Schwachstellen« der Gruppe?

Erläuterungen

Zu 1. Der Meinungsbildner (der informelle Führer) besitzt oft eine natürliche Autorität gegenüber den Gruppenmitgliedern. So kann er viele Personen an sich binden. Sie sollten sich Klarheit darüber verschaffen, inwiefern der Meinungsbildner direkt von einzelnen Eltern noch beeinflusst wird. Unmittelbaren Einfluss kann z. B. jemand dadurch ausüben, dass er ihn über die Bedeutung von Mitbestimmungsrechten der Erziehungsberechtigten aufklärt und berät. Andere werden ihm deutlich sagen, dass die Elternmehrheit den vorhandenen Konflikt nur zu Gunsten der Eltern und ihrer Kinder bewältigt sehen möchte.

Zu 2. Hiermit sind u. a. gruppeninterne Zu- und Abneigungen, Eifersucht und Konkurrenz sowie spezielle individuelle Interessen gemeint. Einige Eltern möchten z. B. den Konflikt nicht so wichtig nehmen, weil ihr Kind im Moment keine Nachteile beim betreffenden Lehrer hat, d. h. einigermaßen gut mit ihm auskommt und die Leistungen gut bis befriedigend sind. Nun sollen sie mit in den Konflikt einsteigen und das alles gefährden?

Manchmal ist die emotionale Lage der Gruppenmitglieder wichtiger als die Vernunftebene. Versuchen Sie daher als Schulleitung, sich in die Gefühlslage einzelner Personen der Gegenseite hineinzuversetzen und aus dieser Sicht die Konfliktdynamik einzuschätzen. Dabei ist es sinnvoll, sich mit den vermutlich stark betroffenen wie den nur beiläufig betroffenen Gruppenmitgliedern zu befassen. Zu sog. Schwachstellen können auch bestimmte Konfliktrisiken (auch für Sie selbst!) gezählt werden, die sich z. B. in folgenden Überlegungen spiegeln:

- Gewinne oder verliere ich evtl. im Verlauf des Konfliktprozesses an Ansehen bei der Elternschaft, dem Lehrerkollegium, den Schülerinnen und Schülern?
- Hat der Konflikt wirklich diese aktuelle Bedeutung verdient, die ihm im Moment viele Eltern beimessen?
- Kann ich mir aller Eltern sicher sein, wenn ich in ihrem Auftrag spreche oder lassen mich bei der konkreten Konfliktbewältigung die meisten im Stich?
- Welchen Spielraum habe ich und wie gehe ich am besten vor?
- Habe ich bei meinem beruflichen Engagement überhaupt die Zeit, bei der Lösung eines nicht so einfachen Konflikts mitzuhelfen?

Weiterführendes

Fischer, L. & Wiswede, G. (1997). Grundlagen der Sozialpsychologie. München, Wien.

Kellner, H. (2000). Konflikte verstehen, verhindern, lösen. Konfliktmanagement für Führungskräfte. München, Wien.

Neubauer, W. (2003). Organisationskultur. Stuttgart.

Philipp, E. & Rademacher, H. (2002). Konfliktmanagement im Kollegium. Arbeitsbuch mit Modellen und Methoden. Weinheim und Basel.

Stimmer, Fr. (2000). Grundlagen des Methodischen Handelns in der Sozialen Arbeit. Stuttgart, Berlin, Köln.

5. Schulleitung als Vermittler

- Wie können Sie Beziehungen klären?
- Was bewirkt der Ausdruck von Wertschätzung einer Kollegin oder einem Kollegen gegenüber im Hinblick auf die dienstliche Zusammenarbeit?
- Worin liegt die Bedeutung des Zuhörens und der Einzelgespräche?
- Wie können Sie Feedback als Führungselement einsetzen?
- Was ist bei Metakommunikation in der Gruppe sowie bei der Gesprächsführung in Gruppen wichtig?
- Welche Punkte sollten Sie bei der Delegation von Aufgaben beachten?

Immer dann, wenn der Schulleiter nicht selbst Konfliktpartei ist, kann er als Vermittler (Mediator) tätig werden, um interpersonale Konflikte beizulegen und nach Möglichkeit sogar zu lösen, d. h. ganz aus der Welt zu schaffen. Wie bereits erwähnt, ist ein Konflikt dann gelöst (also aufgelöst), wenn alle Konfliktparteien dies so wahrnehmen. Die Sicht der beteiligten Konfliktparteien kann und darf in der Schule als einer Institution mit einem bestimmten Erziehungsauftrag allerdings nicht das einzige Kriterium sein.

! Kriterien der Entscheidungsfindung

Vielmehr sind folgende drei Kriterien beim Konfliktlösungsprozess grundsätzlich zu berücksichtigen (vgl. Neubauer et al., 1999):

(1) Akzeptanz

Da ein Konflikt nur dann als erledigt gilt, wenn die Konfliktparteien dies so beurteilen, ist die Akzeptanz der Entscheidung ein notwendiges Kriterium. Falls eine Entscheidung nicht akzeptiert wird, sind spätere Probleme unausweichlich. Schon der kleinste Anlass reicht aus, um den Konflikt erneut entflammen zu lassen.

Dies bedeutet jedoch nicht, dass eine Entscheidung in jedem Fall bei den Betroffenen Begeisterung auslösen soll, vielmehr kann sich das Ausmaß der Akzeptanz auf einem Kontinuum bewegen, das von völliger Zustimmung über Tolerierung bis zur völligen Ablehnung reicht.

(2) Qualität (oder Güte)

Als zweites Kriterium ist die Güte oder Qualität zu nennen. Gemeint ist damit, wieweit inhaltlich möglichst alle wichtigen Gesichtspunkte und Vorgaben berücksichtigt sind. Werden relevante Aspekte übersehen, kann eine Entscheidung qualitativ nicht gut sein. Auch ein hohes Maß von Akzeptanz kann einen Mangel an Qualität nicht ausgleichen. Dies ist deshalb wichtig zu bedenken, da die Konfliktparteien häufig den Weg des geringsten Widerstandes einschlagen wollen. Damit wird aber die Leistungsqualität der Schule gefährdet oder sogar beeinträchtigt.

(3) Zeit

Dieses dritte Merkmal betrifft die Zeitdauer der Entscheidungsfindung. Da unvermittelt auftretende Konflikte möglichst rasch gelöst werden müssen, spielt auch dieses Kriterium für die Entscheidungspraxis eine wichtige Rolle, ist aber im Vergleich zu Qualität und Akzeptanz ein Nebenkriterium.

Grundlegende Strategien der Entscheidungsfindung

Bei der Erläuterung dieser drei Kriterien wurde bewusst zwischen **»Entscheidung«** *und »Entscheidungsfindung«* unterschieden. Dies ist deshalb notwendig, da der Schulleiter als formaler Führer kraft Amtes für alle Entscheidungen seines Zuständigkeitsbereiches verantwortlich ist. Dieses Recht und diese Pflicht kann und soll ihm niemand abnehmen. Allerdings gibt es für ihn verschiedene Wege der Entscheidungsfindung, d.h. des Weges, wie er zu seinen Entscheidungen kommt. Im Folgenden geht es daher um **Strategien der Entscheidungsfindung** (vgl. Neubauer et al., 1999).

Lässt man zunächst das Nebenkriterium »Zeit« außer Acht, dann ergeben sich logisch drei Strategien der Entscheidungsfindung:

a) gleichzeitiges Anstreben von Akzeptanz und Qualität,
b) zunächst Anstreben von Qualität, dann von Akzeptanz,
c) zunächst Anstreben von Akzeptanz, dann von Qualität.

Beobachtungen haben gezeigt, dass die erstgenannte Strategie (a) nicht zweckmäßig ist, da man sich hierbei zwischen Bemühungen nach Qualität und nach Akzeptanz verliert, so dass sich nur die beiden übrigen Strategien als praktikabel erweisen. *Idealtypisch* vereinfacht, ergeben sich somit zwei fundamentale Strategien der Entscheidungsfindung, die sich wie folgt beschreiben lassen:

Strategie 1: Traditionale Entscheidungsfindung

Dieser Typus entspricht der klassischen Alleinentscheidung, die auch den Prozess der Entscheidungsfindung als Einzelperson mit einschließt. Der Schulleiter wird mit einem Problem konfrontiert. Er versucht sodann, alle wichtigen Gesichtspunkte zu überdenken (Kriterium »Qualität«), entwickelt für sich einen Lösungsvorschlag (Entscheidungsfindung) und teilt seine Entscheidung mit. Was bleibt, ist nun die Frage, wie die praktische Umsetzung geleistet werden kann (Kriterium »Akzeptanz«). Diese erfolgt in der Regel durch Anweisung (kraft Positionsmacht), durch Appell an die Vernunft oder bei auftretenden Bedenken der Betroffenen durch den Versuch der Überzeugung bis hin zur Überredung des informalen Führers usw.

Vorteile

1) Geringer Zeitaufwand für die Entscheidungsfindung
2) Schnelle Erledigung von alltäglichen Routine-Aufgaben

Probleme

1) Die Betroffenen müssen nicht mitdenken, sie führen mehr oder weniger gedankenlos die Entscheidungen aus.
2) Schwierigkeiten bei der Umsetzung werden dem Schulleiter angelastet (nach dem Motto: »Man hat uns nicht gefragt. Wir hätten ja sowieso anders gehandelt«).
3) Um einen angemessenen Akzeptanz-Grad zu erreichen, ist insgesamt ein erheblicher Zeitaufwand erforderlich, der den Vorteil der zunächst schnellen Entscheidungsfindung wieder in Frage stellt.

Strategie 2: Kooperative Entscheidungsfindung

Bei dieser Strategie bezieht der Schulleiter die Betroffenen (zumindest Repräsentanten der Betroffenen) beim Prozess der Entscheidungsfindung mit ein. Er lässt sie sowohl bei der Problem-Analyse, dem Sammeln von Lösungsvorschlägen als auch bei der Formulierung der Entscheidung partizipieren. *Dies heißt allerdings nicht, dass er das Problem an andere Personen delegiert,* sondern er beteiligt sich selbstverständlich aktiv wie auch alle anderen am Entscheidungsfindungsprozess. Auch bei dieser Strategie sind Vorteile und mögliche Gefahren zu berücksichtigen.

Vorteile

1) Die Betroffenen haben Gelegenheit, sich mit dem anstehenden Problem sowie wichtigen Hintergrundinformationen zu befassen, Be-

denken und Vorschläge zu diskutieren und verschiedene Lösungsmöglichkeiten kritisch zu vergleichen. Sie wissen, warum die Entscheidung inhaltlich auf diese Weise zustande kam, und es besteht daher ein relativ hoher Grad an Akzeptanz. Dies heißt nicht, dass alle mit einer solchen Entscheidung glücklich sind, aber sie sehen vielleicht die Notwendigkeit einer solchen Entscheidung ein.

2) Die Betroffenen identifizieren sich bis zu einem gewissen Grad mit dem Aufgabenbereich des Vorgesetzten. Bei Schwierigkeiten lassen sie ihn nicht »im Regen stehen«, sondern versuchen gemeinsam, geeignete Abhilfen zu finden.
3) Die Realisierung der Entscheidung geht rascher und reibungsloser.

Probleme

1) Kooperative Entscheidungsfindung benötigt sicher einen bestimmten Zeitaufwand. Vorgesetzte, die befürchten, dass sie durch die Beteiligung anderer Personen an der Entscheidungsfindung weniger Einfluss haben, schieben dieses Argument häufig vor. Sie bedenken allerdings nicht, dass der gesamte Prozess einschließlich Realisierung bei der traditionalen Strategie mindestens ebenso lange dauert.
2) Gruppen neigen häufig zu vorschnellen Lösungen. Macht ein Gruppenmitglied einen einigermaßen vernünftigen Vorschlag, so besteht die Gefahr, dass sich die Gruppe diesem Vorschlag anschließt. Besonders bei wichtigen Entscheidungen sollte daher der Schulleiter zusammen mit den Betroffenen weitere Lösungsvorschläge erarbeiten.
3) In Gruppen besteht ferner die Gefahr der Verantwortungsdiffusion, d. h. jeder erwartet, dass irgend jemand in der Gruppe die Initiative ergreift, so dass sich letztlich niemand wirklich angesprochen fühlt. Zum Zwecke einer effizienten Umsetzung in die Praxis muss daher immer für jede einzelne Aufgabe die persönliche Verantwortlichkeit (Verantwortung ad personam) festgelegt werden.

Schulleiter sollten beide Strategien der Entscheidungsfindung beherrschen, aber auch deren Vorteile und mögliche Gefahren kennen. Einfache Alltagsprobleme (z. B. einfache Meinungsverschiedenheiten) können mit der Strategie der traditionalen Entscheidungsfindung meist rasch beigelegt werden, jedoch bedarf es bei gravierenderen Konflikten einer kooperativen Entscheidungsfindung. Diese Strategien der Konfliktlösung wurden in den letzten Jahren als Mediations-Ansätze bekannt.

Die Schulleitung als Mediator?

Mediation in der Schule ist ein Verfahren, um in Konflikten praktikable Regeln des Zusammenlebens zu entwickeln. Sie ist auf Zukunft ausgerichtet und soll dazu beitragen, auch nach Konflikten Zusammenarbeit möglich zu machen. Die Vermittlung des Mediationskonzepts und entsprechender Fertigkeiten ist durch die Differenzierung und Ausbildung sozialer Kompetenzen, beispielsweise bei Schülerinnen und Schülern, auch gewaltpräventiv wirksam.

Mediation, im schulischen Kontext häufig auch Streitschlichtung genannt, ist eine Form der Konfliktbearbeitung durch das Hinzuziehen eines unbeteiligten, neutralen Dritten. Als Konfliktmanagement und Interessenausgleich ist Mediation in Wirtschaft, Politik, bei Umweltfragen und in der Justiz bekannt und hat sich seit vielen Jahren bewährt. Zunehmende Bedeutung hat die Mediation in den letzten Jahren im Familienrecht, etwa bei Ehescheidungen, erlangt und auch bei zivilrechtlichen Auseinandersetzungen mit geringem finanziellen Streitwert, beispielsweise bei Nachbarschaftskonflikten.

Mediation und Schlichtung unterscheiden sich dadurch, dass Mediatoren selbst keine inhaltlichen Lösungsvorschläge machen, sondern »nur« das Verfahren der Konfliktbearbeitung steuern; bei Tarifkonflikten beispielsweise unterbreiten die Schlichter selbst einen Vorschlag, der aber – wie die Lösungsvorschläge bei Mediationsverfahren – nur dann verwirklicht wird, wenn beide Konfliktparteien zustimmen. Die Wirksamkeit des Lösungsvorschlags nur bei Akzeptanz durch die beteiligten Parteien unterscheidet einen Schlichterspruch oder ein Mediationsergebnis von einem Urteil. Die Streitenden bleiben für das Verfahren verantwortlich und delegieren die Konfliktlösung nicht an eine Entscheidungsinstanz.

Schulen haben Mediation unter Schülerinnen und Schülern als eine gute Möglichkeit erkannt und verwirklicht, um

- sich aktiv und konstruktiv mit Alltagskonflikten und Interessenunterschieden auseinander zu setzen,
- den Erziehungsauftrag der Schule ernst zu nehmen und
- der Gewaltbereitschaft unter Jugendlichen und Kindern entgegenzuwirken.

Als Kennzeichen der Mediationsverfahren nennt Besemer (1993, S. 14):

- »die Anwesenheit der vermittelnden MediatorInnen,
- die Einbeziehung aller Konfliktparteien, die in der Regel auch anwesend sind,
- die informelle, außergerichtliche Ebene,
- die Freiwilligkeit der Teilnahme am Mediationsverfahren und die Selbstbestimmung bzgl. der Konfliktlösung: die Entscheidungsbefugnis wird nicht an Dritte abgegeben. Das Verhandlungsergebnis ist erst bindend, wenn alle Beteiligten zugestimmt haben. Es muss also ein Konsens erzielt werden«.

Konflikt-Konstellationen und Mediation

Zu fragen ist, bei welchen Konflikt-Konstellationen in der Schule solche Bedingungen für Mediation gegeben sind oder geschaffen werden können. Geklärt werden soll, ob bzw. in welchen Fällen Schulleiter Mediatoren im Sinne des von Besemer skizzierten Mediationsansatzes sein können oder sein sollten.

Die Anwesenheit der Streitenden bei der Konfliktbearbeitung ist in der Schule in der Regel leicht zu verwirklichen, weil es sich um einen engen sozialen Verbund handelt, in dem direkte Gespräche möglich sind. Auch die Einbeziehung aller Konfliktparteien ist in der Regel wenig problematisch; selbstverständlich kann es Konflikte geben, an deren Bearbeitung größere Gruppen, beispielsweise Teile des Lehrerkollegiums, beteiligt werden müssen. Praktikable Lösungen liegen dann oft in der Benennung von Sprechergruppen, die miteinander verhandeln und anschließend versuchen, für die gefundenen Lösungen in ihren Gruppen Akzeptanz zu finden (s. o.).

Gerichtliche Auseinandersetzungen zur Konfliktlösung sind im Schulbereich eher die Ausnahme, sieht man einmal ab von Elternklagen im Zusammenhang der Leistungsbewertung und zur Fortführung gewünschter Schullaufbahnen. Informelle Konfliktlösungen jedoch sind auch innerhalb der Schule nur begrenzt möglich, weil die Schule insgesamt einen gesetzlichen Auftrag zu erfüllen hat und den Konfliktparteien im Rahmen ihres Amtes als Lehrkraft oder Schulleitung die Möglichkeit zur vollständigen Gestaltungs- und Vertragsfreiheit fehlt. Hierdurch kann es also Einschränkungen bei der Anwendung von Mediationsverfahren geben.

Die Freiwilligkeit der Inanspruchnahme von Vermittlung und der

Hilfe durch einen Mediator ist innerhalb wie außerhalb der Schule nicht selbstverständlich und sollte auch von Mediatoren eher als eine Bedingung gesehen werden, die in unterschiedlichem Ausmaß erreicht werden kann. Wohl selten wird es Konfliktbearbeitung geben, die von völliger Freiwilligkeit bzw. – außergerichtlich – von völliger Unfreiwilligkeit gekennzeichnet ist. Zu klären ist deshalb zu Beginn eines Mediationsverfahrens, ob hinreichend Freiwilligkeit gegeben ist.

Wichtig ist in der Kennzeichnung Besemers die Betonung der Selbstbestimmung hinsichtlich der Konfliktlösung. Die Alternative zur Selbstbestimmung ist die Delegation der Entscheidung an eine Instanz, beispielsweise ein Gericht oder – im schulischen Rahmen – beispielsweise an Schulleitung oder Schulaufsicht.

Die Selbstbestimmung ist ein demokratisches Element der Auseinandersetzung und sie verhindert, dass die Verantwortung für die Qualität der Entscheidung der entscheidenden Instanz angelastet wird und möglicherweise Ursache für ein neues Konfliktthema in derselben Parteien-Konstellation wird. Werden die Schülerinnen und Schüler als Streitschlichter qualifiziert, leistet Schule hierdurch auch einen Beitrag zur politischen Bildung.

Aufgaben der Schulleitung

Welche Aufgaben kann ein Schulleiter im Hinblick auf die Mediation in der Schule übernehmen? Kann er selbst als Mediator wirken oder nur oder vor allem als Förderer der Mediation in der Schule?

Als Mediator oder auch Schlichter kann nur aktiv werden, wer von den streitenden Parteien in dieser Rolle akzeptiert wird. Dass nun zwei Streitende in der Schule sich einig sind, dass sie einen neutralen, unbeteiligten Dritten als Vermittler brauchen und für diese Aufgabe die Schulleitung wählen, dürfte eher selten sein. In diesem Fall kann ggf. der Schulleiter zu einem Mediationsgespräch einladen.

Eine Einschränkung muss allerdings beachtet werden. Nicht am Konflikt beteiligt zu sein, ist eine wichtige Bedingung für den Mediator. Wenn sich der Konflikt, beispielsweise zweier Lehrkräfte, nun an einem Thema entzündet hat, das für das Profil der Schule von Bedeutung ist, hat der Schulleiter zumindest indirekt ein massives Interesse an der Lösung, die der Schule insgesamt dient. Er kann nicht neutral sein und deshalb muss er die Mediatorenrolle ablehnen.

Von seiten der Konfliktpartner ist zu bedenken, dass Schulleiter z. B.

bei Beförderungen Leistungsberichte schreiben müssen, die bei der Beurteilung des Bewerbers berücksichtigt werden. Ob in so einer Situation der Schulleiter wirklich die Informationen unberücksichtigt lassen kann, die ihm durch ein Mediationsverfahren bekannt geworden sind, mag bezweifelt werden. Eine spätere Beurteilungssituation hat zwar keinen direkten Einfluss auf eine Mediation mit dem Schulleiter als Mediator, aber die Konfliktparteien werden möglicherweise weniger offen reden, wenn ihnen bewusst ist, dass es einen solchen späteren Einfluss geben kann.

Ist der Konflikt weniger bedeutsam für die Qualität der Schule und tangieren mögliche Lösungen auch keine schulrechtlichen Vorschriften, kann die Schulleitung, wie jeder andere auch, der von den Konfliktparteien akzeptiert wird, die Mediation durchführen.

Zu bedenken ist allerdings, ob nicht bei Streitigkeiten zwischen Lehrkräften in vielen Fällen Vertrauenspersonen aus dem Kollegium, beispielsweise Mitglieder des Lehrerrats, auf Grund ihrer Rolle in der Schule besser als Mediatoren geeignet sind.

Häufiger dürfte es allerdings vorkommen, dass nur eine Seite einen Konflikt empfindet und auf eine Bearbeitung drängt, für den Konfliktpartner hingegen die Lösung weniger oder gar nicht bedeutsam ist. Üblich dürfte es sein, dass sich Eltern, die mit dem Unterricht ihrer Kinder nicht zufrieden sind, beim Schulleiter beschweren. Auch in diesen Fällen kann ein Mediationsverfahren dazu beitragen, dass die unterschiedlichen Wahrnehmungen der (Unterrichts-)Situationen geklärt werden, dass Eltern und Lehrkraft ein besseres Verständnis für die jeweils andere Seite entwickeln und dass ggf. Vereinbarungen getroffen werden, wie denn die Unterrichtsgestaltung besser, d. h. für die Eltern akzeptabel werden kann.

Der Schulleiter sollte Beschwerden nachgehen und in vielen Fällen eine Klärung der Vorhaltungen im direkten Gespräch der Beteiligten anstreben, aber er wird auch in dieser Konstellation nicht als Mediator aktiv werden können. In seiner Verantwortung für die Qualität der Schule und die erfolgreiche Tätigkeit der Lehrerinnen und Lehrer sollte er Beschwerden als Ansatzpunkte für Verbesserungen nutzen, aber er ist wieder nicht unbeteiligt, weil er qua Amt deutliches Interesse an einer guten Lösung hat; Unterricht, der zu Beschwerden von Eltern oder Schülern Anlass gibt, ist eine gravierende Einschränkung der Qualität von Schule, falls die Vorwürfe berechtigt sind; in jedem Fall können sie dem Image der Schule schaden. Schulleiter sind aber auch verpflichtet, den guten Ruf ihrer Mitarbeiter zu schützen, unberechtigte Kritik zurückzuweisen und beispielsweise bei den Eltern um Verständnis für pädagogische Maßnahmen und Formen der Unterrichtsgestaltung zu werben, die diese – meist aus den Berichten der Kinder – für fragwürdig halten.

Als Konfliktmanager gefordert und zugleich nicht als Mediator geeignet zu sein, dürfte der Regelfall für Schulleiterinnen und Schulleiter sein. Die Verantwortung für die Schule als Ganzes legt es nahe, dass ein Schulleiter sich dafür einsetzen sollte, dass Mediation in der Schule möglich ist und von Schülern, Eltern und dem Kollegium akzeptiert wird. Er schafft und fördert die Rahmenbedingungen für Mediation, wird aber selbst nicht als Mediator wirken.

Streitschlichtung unter Schülerinnen und Schülern

Zahlreiche Schulen in Deutschland haben im zurückliegenden Jahrzehnt Streitschlichtung unter Schülerinnen und Schülern eingeführt. Dadurch werden den Schüler-Streitschlichtern soziale Kompetenzen vermittelt und die Lehrkräfte werden von der Regelung zahlreicher Alltagskonflikte zwischen den Kindern und Jugendlichen entlastet. Sehr viel seltener allerdings hat sich das Mediationskonzept so in der Schule durchgesetzt, dass es auch für Streitigkeiten, an denen Erwachsene beteiligt sind, seien es z. B. Lehrer-Lehrer-Konflikte, Lehrer-Schüler-Konflikte oder Lehrer-Eltern-Konflikte, das übliche Verfahren der Konfliktbearbeitung ist.

Unter Schülerinnen und Schülern können Gleichaltrige in vielen Fällen besser als Erwachsene verstehen, was zu einem Konflikt geführt hat, und sie sind möglicherweise auch leichter in der Lage, im Mediationsgespräch eine Sprache zu finden, die von den Konfliktparteien für angemessen gehalten und verstanden wird. Peer Education hat Vorteile, die auch bei Konflikten genutzt werden können. Die Akzeptanz von gleichaltrigen oder etwas älteren Schülerinnen und Schülern als Streitschlichtern ist meist unproblematisch und Rollenkonflikte wie bei der Schulleitung dürften kaum vorhanden sein. Das Verfahren ist zudem relativ leicht zu erlernen, so dass auch Schülerinnen und Schüler es verantwortungsvoll durchführen können.

Sollen auch Konflikte, an denen Erwachsene beteiligt sind, in einer Mediation bearbeitet werden, stellt sich die Frage, wer von den Streitenden als Mediator akzeptiert wird. Der Verdacht, dass ein Schüler eher der Konfliktpartei Schüler zuneigt, ein Lehrer eher seinen Kollegen, Eltern eher die Elternsicht vertreten, macht es schwer einen Mediator zu finden, der im Konflikt von beiden Seiten akzeptiert wird. Lehrerkonflikte durch Außenstehende, wie beispielsweise Eltern mediieren zu lassen, stößt häufig auf Bedenken, dadurch könnten Interna der Schule nach außen getragen werden; d.h. auch wenn sich der Mediator zur Verschwiegenheit verpflichtet, meist werden die Bedenken im Vorfeld dazu führen, dass ein Außenstehender erst gar nicht wegen einer Vermittlung im Konflikt gefragt wird.

Gesprächsmodell der kooperativen Konfliktlösung

Das Modell ist in seiner Grundstruktur bei allen Anlässen der gemeinsamen Problembewältigung nützlich.

Bei der *Gestaltung der Situation* ist darauf zu achten, dass der Besprechungsraum möglichst störungsfrei ist. Um Unterbrechungen zu vermeiden, ist es ferner zweckmäßig, bei grundlegenden Konflikten eigene Termine zu vereinbaren.

Das Modell gliedert ein solches Gespräch zur kooperativen Konfliktlösung in drei Phasen (vgl. Abbildung 1):

(1) Gesprächseröffnung,
(2) Problemlösungsprozess und
(3) Gesprächsabschluss.

Gesprächseröffnung

Zu Beginn des Gesprächs ist es wichtig, möglichst rasch eine tragfähige, vertrauensvolle Beziehung herzustellen und das anstehende Problem zu präzisieren. Im Einzelnen sollten folgende Punkte berücksichtigt werden:

(1.1) Begrüßung und Nennung des Gesprächsanlasses

Bei der Begrüßung wird der Gesprächsanlass beschrieben, ohne dass der Gesprächsleiter eine Lösungsmöglichkeit von sich aus zu erkennen gibt. Dies ist deshalb wichtig, damit das Problem einer Einigung bei den Konfliktparteien verbleibt (sog. »Problembesitz«).

(1.2) Rollenklärung

Der Schulleiter erläutert hier seine Rolle. Außerdem sind die rechtlichen Rahmenbedingungen anzusprechen und der Handlungsspielraum für mögliche Lösungen.

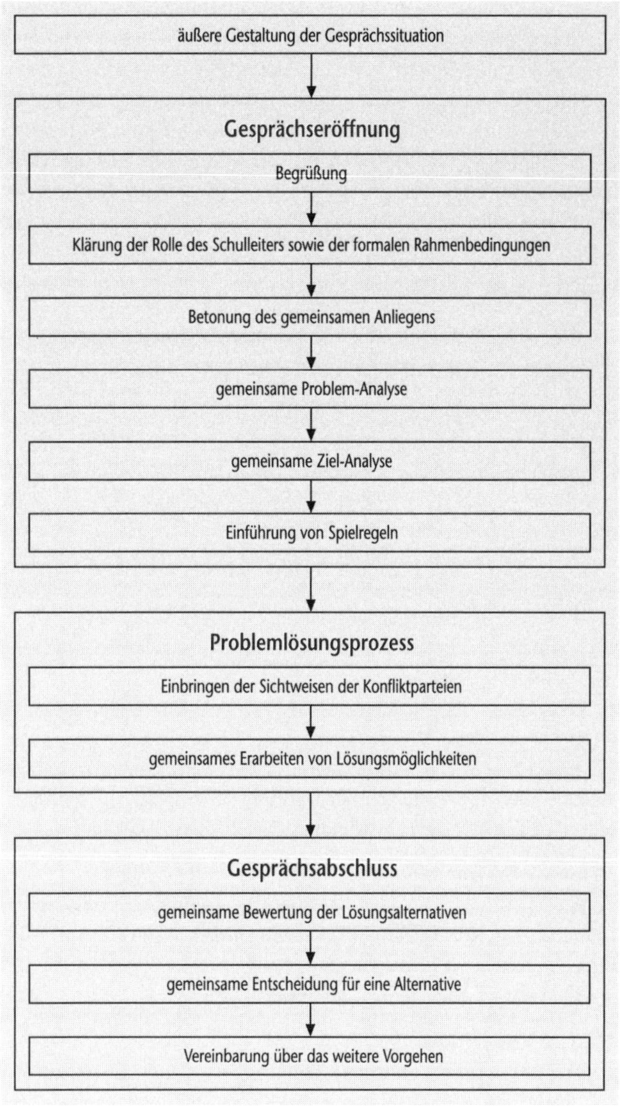

Abbildung 1: Gesprächsmodell der kooperativen Konfliktlösung

(1.3) Betonung des gemeinsamen Anliegens

Er macht deutlich, dass es im Interesse aller liegt, eine optimale Lösung zu finden, die allen Beteiligten, aber auch der Schule als Ganzes gerecht wird.

(1.4) Gemeinsame Problem-Analyse

Sodann muss eine sorgfältige Klärung des anstehenden Problems erfolgen. Ohne eine exakte Problemanalyse kann ein solches Gespräch nicht effizient sein. Die Problemanalyse sollte gemeinsam erfolgen, wobei es häufig notwendig ist, den Problembereich in Einzelprobleme zu zerlegen.

Wenn es nicht gelingt, das Problem übereinstimmend zu definieren, wird es auch keine einvernehmliche Lösung geben können. Aus diesem Grund ist es wichtig, auf der Basis der vorher geklärten Rollen das gemeinsame Problem explizit zu formulieren.

(1.5) Gemeinsame Ziel-Analyse

Eng verbunden mit der Problemanalyse ist die genaue Analyse der Zielsetzung des Gesprächs, d. h. dessen, was tatsächlich erreicht werden soll.

(1.6) Einführung von Spielregeln

Eine Gesprächsleitung durch den Schulleiter »kraft Amtes« (d. h. aufgrund seiner Positionsmacht) ist deshalb ungünstig, weil die Konfliktparteien in eine passive Rolle gedrängt werden, was bei ihnen häufig Reaktanz erzeugt. Daher wird dringend empfohlen, dass ein Konsens über Reihenfolge und Ablauf des Gesprächs hergestellt wird. Dies erfordert keine lange Diskussion, hat aber für die Erfolgswahrscheinlichkeit einer kooperativen Entscheidungsfindung eine erhebliche Bedeutung. Der Schulleiter sagt beispielsweise: »Sind Sie damit einverstanden, dass ...« und schlägt dann einen bestimmten Ablauf vor. Oder er fragt: »Wie gehen wir jetzt am besten vor? ...« und erwartet von den Konfliktparteien einen Vorschlag, oder er macht selbst einen Vorschlag. Falls keine Einwendungen kommen, ist die Spielregel wirksam eingeführt.

Bei Konfliktgesprächen ist es meist notwendig, dass der Schulleiter selbst eine Spielregel einbringt, dass niemand in der Rede unterbrochen werden darf.

Die Berücksichtigung der genannten sechs Punkte der Gesprächseröffnung sollte nicht dazu verführen, am Eingang des Gesprächs einen längeren Monolog zu halten oder die genannten Punkte umständlich zu diskutieren. Anzustreben ist, dass die Gesprächspartner von Anfang an aktiv das Gespräch mit gestalten. Bei entsprechender Übung können diese Aspekte relativ rasch berücksichtigt werden.

Problemlösungsprozess

Dazu werden folgende Schritte empfohlen:

(2.1) Einbringen der Sichtweisen der Konfliktparteien

An dieser Stelle werden nun alle Informationen eingebracht und ausgetauscht, die als Basis für die spätere Entscheidung wichtig sind. Dabei sollten die konträren Standpunkte, Sichtweisen und Bewertungen möglichst genau formuliert werden, damit man sie im Hinblick auf ihre Herleitung von objektivierbaren Sachverhalten genauer analysieren kann.

Vermeiden Sie möglichst Du-Botschaften (z. B. »Sie sollten auch an die anderen Kollegen denken!«), sondern verwenden Sie nach Möglichkeit Ich-Botschaften (z. B. »Ich habe den Eindruck, dass wir uns argumentativ im Kreis drehen«) und aktives Zuhören (z. B. »Habe ich Sie richtig verstanden, dass ...«).

(2.2) Gemeinsames Erarbeiten von Lösungsmöglichkeiten

Nach Sicherstellung einer ausreichenden Informationsbasis als Orientierungshilfe für die Entscheidungsfindung können nun die verschiedenen Alternativen erarbeitet und diskutiert werden. Auch hier ist es zweckmäßig, diese Alternativen möglichst gemeinsam zusammenzutragen. An dieser Stelle sollten noch keine Bewertungen vorgenommen werden, da sonst jeder gezwungen wird, seinen Vorschlag zu verteidigen (Verteidigungsklima). Es geht dann letztlich nicht um eine sachgerechte Lösung sondern um »Rechthaberei«.

Gesprächsabschluss

In der letzten Phase des Beratungsgespräches ist eine einvernehmliche Entscheidung anzustreben, wobei stets die Verantwortlichkeiten klar sein müssen.

(3.1) Gemeinsame Bewertung der Lösungsalternativen

In dieser Phase des Gesprächs ist es erfahrungsgemäß zweckmäßig, wenn die Vorschläge von den Vorschlagenden entkoppelt (»entpersonalisiert«) werden. Man vermeidet dadurch unnötige Polarisierungen (also statt »Ihr Vorschlag« besser »der erste Vorschlag«) und unterstreicht, dass eine sachgerechte Lösung im Mittelpunkt steht.

(3.2) Gemeinsame Entscheidung für eine Alternative

Falls das Gespräch zu einem Konsensus führte, ist als Ergebnis die favorisierte Handlungsalternative festzustellen.

(3.3) Vereinbarung über das weitere Vorgehen

Die Feststellung einer gemeinsam gefundenen Lösung genügt nicht, um diese später tatsächlich zu realisieren. Häufig kommt es vor, dass in Besprechungen etwas beschlossen wird, wobei sich einer auf den anderen verlässt, aber keiner aktiv wird (»Verantwortungs-Diffusion«). Es ist daher dringend geboten, genau festzulegen, wer welche Aufgaben zu übernehmen hat.

Falls es im Extremfall auch nach intensiven Bemühungen nicht gelingen sollte, in einer Sitzung eine Lösung zu finden, sollte man auf alle Fälle noch einen weiteren Termin (mit einer dazwischen liegenden Bedenkzeit) festsetzen. Nur wenn dann die Parteien immer noch nicht in der Lage sind, »aufeinander zuzugehen«, darf sich der Schulleiter nicht scheuen, selbst eine Regelung zu treffen. Allerdings sollte er unmissverständlich am Ende einer solchen Sitzung feststellen, dass er es besser gefunden hätte, wenn eine einvernehmliche Lösung zustande gekommen wäre, verbunden mit dem Wunsch, dass die Konfliktparteien vielleicht doch noch einen Vorschlag entwickeln. Zur näheren Beschreibung weiterer Interaktionsfertigkeiten für die kooperative Konfliktlösung wird auf weiterführende Literatur verwiesen (Neubauer et al., 1999).

Leitfaden für die Durchführung eines Konfliktlösungs-Gesprächs

1. Gestaltung der Besprechungssituation

- Sitzpositionen

  Wichtige Probleme kann man nicht im Stehen klären, d. h. man sollte sich setzen und ausreichend Zeit haben, um Argumente austauschen zu können. Ungünstig ist erfahrungsgemäß, wenn der Schulleiter hinter seinem Schreibtisch »thront« und die Konfliktparteien ihm gegenüber sitzen. Besser ist eine Sitzposition an einem eigenen Besprechungstisch »über Eck«, noch besser ein runder Tisch.

- Störungen
  Jede Art von Störung unterbricht den Problemlösungsprozess. Daher möglichst abschirmen. Alle Handys ausschalten!
- Zeitdauer
  Es sollte eine angemessene Zeitdauer eingeplant werden (z. B. eine Stunde), jedoch ist dringend zu empfehlen, von vorn herein deutlich zu machen, wie lang das (heutige) Gespräch maximal dauern kann. Manche Konfliktparteien verzögern absichtlich den Problemlösungsprozess, weil sie hoffen (und auch oft schon erfolgreich geschafft haben), dass der Schulleiter oder die Gegenpartei nachgeben. Im klinischen Bereich gibt es oft die Beobachtung, dass die Klienten erst kurz vor Ende der Therapiestunde das eigentliche Problem vorbringen.
  Wenn das Gespräch noch nicht erfolgreich zu Ende geführt werden konnte, wird ein neuer Termin vereinbart.

2. Gesprächseröffnung

- Kurze Information über den Gesprächsanlass
  Knappe Information; keine langen Monologe als Gesprächsleiter, damit die Betroffenen möglichst unverzüglich selbst aktiv werden können (und müssen). Die Konfliktparteien sollen selbst die Probleme schildern, ohne dass der Gesprächsleiter inhaltlich eingreift. Er interveniert nur, wenn die Spielregeln (»Jeder lässt den anderen ausreden« u. a.) nicht eingehalten werden.
- Klärung des eigenen Anliegens und der eigenen Rolle
  Der Schulleiter erläutert sein Anliegen, den aktuellen Konflikt einvernehmlich zu lösen, damit die Zusammenarbeit optimal gelingt. Er gibt den Konfliktparteien Gelegenheit, die Probleme aus ihrer Sicht darzustellen und hilft dann mit, dieses Problem zu lösen. Da ein Konflikt nur dann als gelöst gilt, wenn die beteiligten Parteien dies so sehen, müssen diese folglich auch Vorschläge entwickeln, wie sie in Zukunft besser miteinander umgehen wollen. Achten Sie darauf, dass man Ihnen als Schulleiter nicht die Aufgabe einer Problemlösung »delegiert«. So lange die Konfliktparteien nicht ernsthaft bemüht sind, eine Lösung zu finden, können Sie dabei nur verlieren, weil die Konfliktparteien erklären, dass Ihr Vorschlag nicht funktioniert.

- Definition des Problems und Klärung der Aufgabe
  Ohne eine präzise Beschreibung des anstehenden Problems kann auch das genaue Ziel des jetzigen Gesprächs nicht abgeleitet werden. In einem Wechselspiel von aktivem Zuhören (»Habe ich Sie richtig verstanden...«) und Ich-Botschaft (»Mir liegt daran, dass...«) sind das Problem und die konkrete Zielsetzung (Aufgabe) zu klären.
  Während des Problemlösungsprozesses kann es notwendig werden, das Problem in Teilprobleme zu zerlegen.
- Einführung von Spielregeln
  »Spielregeln« sind die Normen, die ein derartiges Gespräch regeln. Wenn Sie solche Spielregeln einführen, und diese werden akzeptiert (d. h. es erfolgt keinerlei Widerspruch), wacht die Gruppe selbst über deren Einhaltung. Der Gruppendruck ist viel mächtiger, flexibler und unmittelbarer wirksam als Ihre Positionsmacht als Schulleiter.
  Bei ganz schwierigen, hoch emotionalisierten Konflikten kann man die Einhaltung der Spielregeln zur Bedingung machen, unter der man ein solches Gespräch leitet. Die Konfliktparteien haben dann die Wahl, ob sie diese Chance nutzen wollen oder nicht. Die Alternative dürfte dann für die Schulleitung darin bestehen, entsprechende Anordnungen auf Grund der Positionsmacht zu geben, deren Nicht-Einhaltung dann zwangläufig juristische Konsequenzen nach sich ziehen muss. Dass ein solches Vorgehen ungünstige Folgerungen in psychologischer Hinsicht nach sich zieht, ist unbestritten. Daher der Rat: »Das scharfe Messer bei Bedarf auf den Tisch legen, aber möglichst niemals gebrauchen!«.

3. Problemlösungsprozess

- Jede Konfliktpartei muss der Reihe nach die Gelegenheit erhalten, ohne unterbrochen zu werden, ihre Position darzustellen. Dies gilt auch für Vorschläge zur Lösung des Konflikts. Diese Vorschläge werden höchst wahrscheinlich zunächst darin bestehen, Forderungen an die andere Konfliktpartei zu stellen.
- Der Gesprächsleiter hält sich (vor allem am Anfang) strikt mit eigenen Vorschlägen zurück, um zu verdeutlichen, dass es in der Verantwortung der Konfliktparteien liegt, selbst Vorschläge zu finden.

4. Gesprächsabschluss

- Wenn eine Reihe von Vorschlägen eingebracht wurden, ist dann zu prüfen, welche Vorschläge auf Konsens stoßen. Hier muss nun der Schulleiter das Qualitätskriterium anlegen, das er am besten bereits in der Eröffnungsphase einbringt. Es geht nicht darum, jenen Vorschlag zu verwirklichen, der beiden Parteien am liebsten ist (= Akzeptanz), sondern der gleichzeitig den Zielen der Schule entspricht (also Akzeptanz plus Qualität).
- Nach einer (hoffentlich) gemeinsamen Entscheidungsfindung stimmt der Schulleiter diesem Vorschlag zu unter der Maßgabe, die Güte der praktischen Umsetzung nach Verlauf einer bestimmten Zeit (z. B. einem Monat) kritisch zu überprüfen. Dies sollte am besten wieder bei einem gemeinsamen Gespräch zu einem späteren Termin geschehen, den man sogleich festlegen sollte.
- Falls noch weitere Probleme auftreten, muss nachgesteuert werden.

Klären von Beziehungen

Denken und handeln Sie strategisch. Blicken sie bei den Klärungsprozessen immer auch auf den Zeitraum nach dem Konflikt. Sie wollen ja weiterhin mit der Kollegin bzw. dem Kollegen einigermaßen zurecht kommen. Was nützt eine Klärung von Beziehungen, wenn Ihr Gesprächspartner danach keinen besonderen Wert mehr darauf legt, mit Ihnen Kontakte zu pflegen?

Denken Sie sich, wenn eben zeitlich möglich, individuell in die zu erwartende Situationen hinein. So können Sie besser damit fertig werden.

Hier ein paar Hinweise:

- Stellen Sie sich so konkret wie möglich die Angst machende Anfangssituation vor.
- Notieren Sie, bezogen auf die zu erwartenden Situationen, in welcher Weise Sie sich hier gern angstfrei verhalten möchten.
- Schreiben Sie sich die Faktoren heraus, die Sie ängstlich machen oder Ihre Angst verstärken.
- Entwerfen Sie leichte und schwierige Übungssituationen und spielen Sie diese nach und nach für sich allein durch. Beobachten Sie hierbei Ihre Körpergefühle, Ihre Angstgefühle und wie Sie sich ggf. verän-

dern. Entspannen Sie sich nach jeder Übungsphase durch tiefes Ein- und Ausatmen. Versuchen Sie dabei, die Muskeln ganz locker werden zu lassen.
- Zerlegen Sie vielschichtige Aufgaben in kleinere und bearbeiten Sie diese schrittweise.

Wertschätzung des anderen

Das Ausmaß an Wert- oder Geringschätzung, das Sie anderen entgegenbringen, beeinflusst deren Einstellung und Verhaltensweisen und somit die Qualität der Zusammenarbeit – auch bei der Bewältigung von Konflikten!

Wenn ein Gesprächspartner das Gefühl hat, anerkannt zu werden und vertrauen zu können, verliert er nicht nur seine anfänglichen Spannungs- und Angstgefühle, sondern ist auch eher in der Lage, auf die Äußerungen seines Gegenübers oder der anderen wertschätzend und akzeptierend einzugehen. Das positive Klima gegenseitiger Wertschätzung animiert auch zur Beteiligung am Gruppengeschehen im Kollegium.

Bereitschaft zum Zuhören, Verständnis und Wertschätzung werden auch auf der nonverbalen Ebene signalisiert z. B. durch den freundlichen zugewandten Blick, ein Nicken mit dem Kopf usw.

Schätzen Sie einmal selbst ein, wie folgende Äußerungen von Kollegen während der gemeinsamen Arbeit auf das Beziehungsklima gewirkt haben mögen:
- *»Was du da über die ständigen Aggressionen von Meike gegenüber dem Kollegen Kostner äußerst, ist doch Schwachsinn!«*
- *»Mensch, Richard, wenn du ewig dazwischen quatscht, können wir natürlich keinen Millimeter vorwärtskommen!«*

Es ist verständlich, dass diese Äußerungen (besser: Maßregelungen) verletzend wirken. Solch ein Mangel an Wertschätzung kann sich auf drei Ebenen auswirken:

auf der emotionalen Ebene

(Meike und Richard werden vor allen anderen zurechtgewiesen. Sie fühlen sich herabgesetzt. Sie werden sich vielleicht in sich zurückziehen.)

auf der kognitiven Ebene

(Die Kritiker der beiden werden wahrscheinlich als wenig tolerant, ja selbstherrlich und mit nur wenig Verständnisbereitschaft eingeordnet.)

auf der Verhaltensebene
(Meike und Richard werden sich vielleicht nicht direkt oder lautstark wehren. Sie halten sich zurück, sind frustriert, haben keine Lust, sich weiter zu beteiligen. Evtl. revanchieren Sie sich bei passender Gelegenheit?)

Wenn Sie beim Konflikt auch noch so ärgerlich sind auf den »Gegner« und ihm sogar die Pest an den Hals wünschen möchten, so sollten Sie dennoch keine Gefühle verletzen.

Fallbeispiel: »Neue Besen kehren gut!?«

Frau H. übernimmt die Leitung einer Realschule mit einem Team, das seit Jahren zusammenarbeitet. So sind im Kollegium unter der Leitung der jetzt pensionierten Schulleitung viele Traditionen gewachsen. Manche davon, wie z. B. die Konferenzabläufe, die Schulfeiern und -feste, die Art der Zusammenarbeit mit den Eltern, sind eingespielt. Sie bieten in ihren Formen Sicherheit dafür, dass sie gelingen.
Frau H. findet sich nicht damit ab. Sie möchte qualifiziertere Arbeitsformen der Zusammenarbeit einführen, wie sie sie zuletzt an ihrer Schule als Lehrerin erlebt hat. Sie ändert zunächst das Konzept der Lehrerkonferenz ohne Absprache mit dem Kollegium ab. Im Rahmen dieser Sitzung kündigt sie weitere »notwendige Reformen« an: bei der Elternarbeit, beim alljährlichen Martinsfest sowie bei den Weihnachtsfeiern.

Fragen:
- Wie hat das Kollegium wahrscheinlich reagiert?
- Was machte die Schulleiterin Frau H. falsch?
- Wie könnte sie den durch sie verursachten Konflikt bewältigen?

Kommentar

Frau H. hätte besser erst eine Zeit lang die Traditionen bestehen lassen sollen, zuhören und zuschauen müssen, um sich einen gründlichen Überblick zu verschaffen und die Chancen für Veränderungen zu ermitteln. Bei ihrem »Riesenpaket an Reformen« berücksichtigt sie nicht die gewachsenen Traditionen. So entstehen wegen der geplanten radikalen Umstellungen Ängste und Unsicherheiten der Kolleginnen und Kollegen. Sie wehren sich gegen die bevormundende und undemokratische Art der vorgesehenen Durchsetzung von Neuerungen. Einzelne lehnen sich offen auf, andere passen sich widerwillig an. Sie wollen keine Auseinandersetzung. Der Hauptfehler der Schulleiterin liegt darin, ihre Veränderungswünsche nicht mit dem Kollegium diskutiert zu haben. Sie hätte sie für neue Arbeitsformen gewinnen müssen, statt sie damit zu überfallen.

Was kann sie nun nach diesem Eklat tun?

Alternative 1

Um ihr Gesicht nicht völlig zu verlieren, und das gleich zu Beginn ihrer neuen Karriere als Schulleiterin, muss sie die Widerstände gegen ihre Reformvorhaben thematisieren, um wenigstens einen Teilerfolg bei der Ingangsetzung der für notwendig gehaltenen Neuerungen zu erreichen.

Alternative 2

Sie setzt auf die Macht ihrer Position als Schulleiterin und verweist auf ihre generelle Verantwortung für die Durchführung der Bildungs- und Erziehungsarbeit an der Schule. Dabei nimmt sie in Kauf, dass die Mehrzahl der Kolleginnen und Kollegen schlecht auf sie zu sprechen ist und die Neuerungen zu unterlaufen versucht. Ihr rigoroses Verhalten wird nach ihrer Auffassung durch die dann veränderte Praxis der Zusammenarbeit, die zu besseren Ergebnissen führt, als allein richtig bestätigt.

Die Bedeutung des Zuhörens und der Einzelgespräche

Viele Kolleginnen und Kollegen in der Schule wollen sich häufig mit der Schulleitung aussprechen, d. h. sich vom bestimmten Ärger, von belastenden oder freudigen Ereignissen »befreien«. Wenn Sie jetzt gerade Zeit haben, ist es wichtig, aufmerksam und geduldig zuzuhören und damit auszudrücken:

Ich nehme mir Zeit für dich, meine eigenen Angelegenheiten stelle ich zurück. Ich will mich bemühen, deine Probleme und dich als Person ganz ernst zu nehmen.

Dabei ist oft ein Rat oder eine Meinungsäußerung von Ihrer Seite nicht gefragt.

Das aufmerksame Zuhören und der Verzicht darauf, über seine eigenen Probleme zu reden, ist häufig eine Frage von Selbstdisziplin. Als Schulleiterin oder Schulleiter müssen Sie sich für Ihre Kolleginnen und Kollegen interessieren, ein Ohr für sie haben, aber nicht nur für die dienstlichen Belange. So kann es Ihnen gelingen, eine gute Kommunikation und Beziehung aufzubauen.

Bei der Zusammenarbeit mit anderen hat das Zuhören generell eine wichtige Funktion. Gehen Sie hierbei aus der Rolle des schweigenden Zuhörers heraus, fragen Sie freundlich nach oder bestätigen das Verstehen des Gehörten, so sprechen wir vom *Aktiven Zuhören*. Die Kommunikation läuft reibungsloser, wenn der Sprecher erfährt: der Zuhörer versteht mich, er kann sich in meine Lage versetzen. Bei Konflikten ist das Aktive Zuhören besonders wichtig, um den ganz anderen Standpunkt des »Meinungsgegners« und dessen Begründung nachvollziehen zu können.

Manchmal ist es daher beim Meinungsaustausch über Beziehungsfragen gut, den Kern der Aussage des Erzählers mit eigenen Worten zu wiederholen, z. B. »Du hast offensichtlich das Gefühl, dir wäre hier …« – »Sehe ich das richtig, dass es …?« Sie können die Unterbrechung z. B. mit den Worten einleiten: »Ich möchte Sie kurz unterbrechen, um mit meinen Worten zu sagen, was ich bereits verstanden habe …«

Verständnis und Akzeptanz werden in der Wiederholung deutlich, ohne dass Sie als Zuhörer die Aussage werten. Dazu gehört, dass der Erzähler auch äußert, dass er dies oder das anders gemeint hat oder anders verstanden werden möchte. Gerade in der Anfangsphase des aktiven Zuhörens signalisieren Sie auf der Beziehungsebene, dass Sie sich dem anderen konzentriert zuwenden. Beim Erschließen des inhaltlichen Verständnisses, verbunden mit der Verbalisierung von Gefühlen, sagen Sie z. B.: »… und das macht sie so ärgerlich, ist das richtig?« So rundet sich das Bild. Sie erfahren neben Daten und Fakten auch die subjektive Einschätzung aus der Sicht der Kollegin bzw. des Kollegen. Beim Nachfragen bitte nicht den Eindruck eines Verhörs entstehen lassen. Geht das Gespräch mal nicht weiter, tritt also Schweigen ein, so sollten Sie es eine Zeit lang aushalten, um Ihr Gegenüber nicht bei seinen Gedanken zu stören. Sie sollten bei Ihrem Vorgehen auch stets sensibel sein für die erkennbaren persönlichen Grenzen Ihres Gegenübers. Das heißt, diese Grenzen zu respektieren und ggf. nicht tiefer in ihn eindringen. Werden Sie selbst verbal angegriffen, führt das Zurückspiegeln der Äußerungen Ihres Gesprächspartners manchmal nicht weiter. Es kann sogar der Eindruck entstehen, Sie wollten Ihre eigene Auffassung verbergen. Hier ist dann Ihre Stellungnahme verlangt, die Sie möglichst sachlich und ohne verletzende Anmerkungen äußern.

Um Zuhörer beim Kommunikationsprozess, z. B. bei Kurzreferaten und Statements im Rahmen von Konferenzen, gut und umfassend zu informieren, können folgende Punkte für Sie als Orientierung gelten:

- möglichst den Bezug des eigenen Parts zur Aussage des Vorredners herstellen;
- die eigenen Gedanken gut gliedern, so dass für die Zuhörer ein »roter Faden« erkennbar ist, sich möglichst kurz und prägnant fassen;
- nur wenige Ideen (oder nur eine!) äußern, die aber einfach ausdrücken;
- versuchen, Bilder und Vergleiche einzubeziehen, um Interesse zu wecken;
- zu erwartende Einwände, aber auch die aus der These sich ergebenden Konsequenzen anreißen;
- ggf. zum Abschluss den besonders wichtigen Aspekt noch einmal herausstellen oder eine kurze Zusammenfassung formulieren.

Feedback als Führungselement

Wenn Sie eine Rückmeldung (Feedback) auf eigenes Verhalten durch eine Kollegin, einen Kollegen, einen Erziehungsberechtigten, eine Schülerin oder einen Schüler bekommen, ist es in der Regel klug, sich zunächst mit einer Verteidigung zurückzuhalten.

Versuchen Sie, auch wenn es vielleicht in diesem Moment schwer fällt, positiv zu denken. Der Gesprächspartner äußert mit seiner Kritik an Ihrer Person subjektive Gefühle und Wahrnehmungen. Er erzählt von seinem Problem, das er mit Ihnen hat. Ihm liegt etwas daran, mit Ihnen darüber zu sprechen. Das ruhige Zuhören und Aussprechenlassen des anderen versetzt Sie in die Lage, die Aussage besser und zusammenhängender aufnehmen zu können.

Bei Ihrer Reaktion sollten Sie dann nicht gleich das Verhalten des anderen werten (»maßregeln«) und interpretieren, sondern zuerst erwähnen, was das Feedback bei Ihnen gefühlsmäßig ausgelöst hat. Dann sollten Sie zum Sachverhalt kommen. Sie müssen nicht unbedingt Feedback geben, sollten es aber tun, wenn es erwartet wird oder Sie selbst das Bedürfnis dazu spüren. Machen Sie hierbei durch die Verwendung von »ich« statt »man« oder »wir« deutlich, dass Sie jetzt persönlich sprechen ohne Rückendeckung durch andere.

Unangenehme Gefühle sollte man nicht in sich hineinfressen. Ganz sicher ist es meistens wenig sinnvoll, sich bei einem Dritten über jemanden zu beklagen.

Es wird bereits hier deutlich, dass *Feedback durchaus als Konfliktprävention* gelten kann. Dabei ist es gut, wenn Sie im aktuellen Konfliktgeschehen fähig bleiben, an die Zeit danach zu denken. Das ist strategisch klug.

»Feedback«, Rückmeldungen, über unser Verhalten bekommen wir im Lebensalltag ständig. Sie helfen uns, dass wir uns selbst und die Umwelt realistischer wahrnehmen. Feedback ist auch erforderlich, wenn in einer Beziehung Störungen auftreten, um herauszufinden, wodurch sie entstanden sind. So erhält man Informationen, die für die Entwicklung der Beziehung und für die eigene Person hilfreich sein können. Feedback stellt für Sie als Schulleitung ein wichtiges Führungsmittel dar. Sie verschenken allerdings diese Chance, wenn Sie vom Grundsatz ausgehen: »Keine Kritik ist Anerkennung genug!« Sie sollten vielmehr davon ausgehen, dass alle Ihre Kolleginnen und Kollegen positive Verstärkung brauchen, auch – und gerade – die besonders engagierten.

Wie Sie Feedback am besten geben und annehmen sollten:

- Beim Feedback sollen Informationen vermittelt werden, ohne jemanden damit analysieren oder eine Verhaltensänderung unmittelbar bewirken zu wollen. Aber bitte nicht zu viele Informationen!
- Im Feedback sollen vor allem positive Gefühle und Wahrnehmungen ausgedrückt werden sowie Vermutungen als Vermutungen benannt werden. Eine negative Rückmeldung sollten Sie mit positiven Anmerkungen auszubalancieren suchen.

- Es wird dann sehr günstig aufgenommen, wenn es sich der Gesprächspartner wünscht.
- Es soll möglichst unmittelbar, d. h. zeitnah, erfolgen.
- Feedback soll gegeben werden, wenn es der andere auch hören kann.
- Es soll so konkret wie möglich sein und die Aufnahmefähigkeit des anderen berücksichtigen.
- Feedback sollten Sie nur annehmen, wenn Sie sich dazu in der Lage fühlen.
- Bei der Annahme von Feedback sollten Sie ruhig zuhören und erst danach reagieren.

Ganz wichtig!
Verzichten Sie darauf, andere Menschen ändern zu wollen. Nehmen Sie sie, wie sie sind und stellen Sie sich darauf ein. Dann geht es Ihnen bestimmt besser.

Manchmal ist es sinnvoll, nicht zu antworten, also das Gehörte erst zu verarbeiten. In bestimmten Situationen trägt es zur sachlichen Weiterarbeit der Gruppe bei, wenn geäußert wird, dass eine Rückmeldung später beabsichtigt ist.

Vielleicht kann der Verzicht auf eine spontane Reaktion bei einem als unangenehm und unangemessen empfundenen Feedback den Feedbackgeber zu einer veränderten Aussage anregen?

Metakommunikation in der Gruppe

Nach Gesprächsphasen der Gruppe bietet es sich an, kurz Rückblick zu halten und den Arbeitsprozess bzw. Gespräche, Diskussionen und Ergebnisse noch einmal zu überdenken (Metakommunikation). Besonders, wenn sich ein Mitglied gestört fühlt oder meint, nicht mehr mitarbeiten zu können, ist Metakommunikation erforderlich. Es geht dann darum, dass jeder kurz darstellt

- was bisher offensichtlich an Ergebnissen oder Teilergebnissen, evtl. auch an Perspektiven aus seiner Sicht vorliegt,
- was bisher sinnvoll, nicht sinnvoll, was erfreulich oder unerfreulich war,
- inwiefern eigene persönliche Anliegen von der Gruppe aufgenommen oder abgelehnt wurden und wie sich das auf ihn ausgewirkt hat.

Die Metakommunikation kann mündlich, grafisch oder schriftlich erfolgen. Die Kolleginnen und Kollegen könnten z. B. auch bildlich-symbolisch darstellen, wie sie die momentane Konfliktsituation empfinden. Die Darstellungen sind dann Medium der Aussprache und Ansatz für die Bewältigung der Problematik und die Verbesserung der Kommunikation.

Bei einer schwerwiegenden Störung in der Zusammenarbeit ist es manchmal besser, anstelle mündlicher und spontanerer Reflexion grafische oder schriftliche Verfahren zu verwenden. Ein einfaches schriftliches Vorgehen wäre z. B., wenn die Kolleginnen und Kollegen gebeten werden, jeder für sich allein folgenden Satz zu vervollständigen: »Die Zusammenarbeit mit euch bei diesem Thema würde mir leichter fallen, wenn …« Alle Aussagen werden später an der Pinnwand befestigt und hier gemeinsam ausgewertet.

Weitere Hinweise zur Gesprächsführung in Gruppen

Vermeiden Sie bei Ihren Meinungsäußerungen Monologe. Fassen Sie sich kurz und achten Sie dabei auf das Verhalten (die nonverbalen Signale, wie z. B. Körperhaltung, Blicke, Gestik) des Zuhörers oder der Zuhörerin. Versuchen Sie möglichst partnerzentriert auf die Äußerungen anderer zu reagieren und dann erst die eigene Meinung zu formulieren.

Bemühen Sie sich, Ihre Gesprächspartner so zu akzeptieren, wie sie sind und verdeutlichen Sie: Ich lege Wert auf die Kooperation mit Ihnen.

Hierbei haben es allerdings diejenigen besonders schwer, denen andere ihre momentane Missstimmung oder ihr angestrengtes Bemühen um Kontakte sofort ansehen. Dem heiteren, fröhlichen Menschen fällt es leichter, Verbindungen zu knüpfen und anzukommen.

Aktiv sein im Hinblick auf Beziehungsgestaltung und Klärung von Beziehungen mit anderen heißt auch, dass Sie auf Gesprächspartner zugehen, dass Sie selbst als Schulleitung aktiv werden. Das muss aber behutsam geschehen:

- Suchen Sie nach vermutlich gemeinsamen Interessen.
- Machen Sie sich klar, was der andere aus der Zusammenarbeit mit Ihnen für sich und seine Arbeit profitieren könnte.

Bei der Zusammenarbeit mit anderen wird selbstverständlich auch Ihre Meinung als aktiver Beitrag zur Zusammenarbeit erwartet. Die Äußerung einer eigenen Meinung wird erfahrungsgemäß mehr geschätzt, als wenn Sie inquisitorische Fragen stellen. Solche Fragen erwecken manchmal den Eindruck, als ob Sie sich hinter ihnen verstecken wollten.

Wenn Sie bei der Zusammenarbeit mit anderen über bestimmte Äußerungen ärgerlich werden oder sich persönlich verletzt fühlen, so sollten Sie dies offen ansprechen, also Feedback geben. Eine solche für Sie (vielleicht auch für mitfühlende andere) störende Kommunikationsblockade kann die Arbeit so belasten, dass Sie sich nicht auf die Sache oder das Problem konzentrieren können. – Diese angemeldete Störung müsste dann jedoch gemeinsam weiter bearbeitet werden, damit sie für die Entwicklung der weiteren Zusammenarbeit konstruktiv genutzt werden kann.

Kontrollieren Sie bei Ihren Äußerungen auch die Lautstärke und das Sprechtempo. Das zu laute, aber auch zu leise, zu schnelle und undeutliche Sprechen wird als störend empfunden.

Überprüfen Sie bei Ihrem Wortschatz, ob Sie gern (und damit zu häufig!) ein bestimmtes Lieblingswort (z. B. »Klasse«, »Das ist richtig!«, »O. K.«, »Ach nee«, »cool«) benutzen und damit Gesprächspartner ärgern. Bemühen Sie sich immer wieder um eine einfache und klare Ausdrucksweise und versuchen Sie, ohne nichtssagende Floskeln auszukommen.

Delegation von Aufgaben

Die Schulleitung trägt zwar auch die Verantwortung für die Verwaltung der Schule, muss deshalb aber nicht jede Verwaltungsaufgabe selbst bearbeiten. Sie könnte es bei der Aufgabenfülle auch zeitlich nicht. Vieles übernimmt das Schulsekretariat. Andere Verwaltungs- und Organisationsaufgaben lassen sich z. T. durchaus auf einzelne Lehrkräfte delegieren, d. h. übertragen.

Da über die Schulsekretärin viele Innen- und Außenkontakte zur Schulleitung gesteuert werden, hat sie es in der Hand, durch freundliches, verständnisvolles, hilfsbereites Auftreten für ein gutes Beziehungsklima sowohl in der Schule wie auch zu den Kooperationspartnern mit der Schule zu sorgen. Manchmal verlieren dadurch Probleme und Konflikte, die an die Schulleitung herangetragen werden sollen, an emotionaler Brisanz. Die Schulsekretärin muss aber auch klar wissen, wo ihre Kompetenzgrenzen liegen und was an internen Kenntnissen nicht weiter verbreitet werden darf. Ein vertrauensvolles Kooperationsverhältnis zur Schulleitung gründet maßgeblich auf gegenseitiger Wertschätzung. Quellen für Konflikte mit der Schulsekretärin wie auch mit dem Hausmeister stellen oft weniger fehlende fachliche Fähigkeiten dieser für die Schule so wichtigen Personen dar als vielmehr Gleichgültigkeit gegenüber deren Leistungen und herablassende Distanz.

Bei der *Schulsekretärin* und dem *Hausmeister* ist der Schulträger für die arbeits- und tarifrechtlichen Belange zuständig. Daher ist die Schulleitung nicht Vorgesetzte im arbeitsrechtlichen Sinne. Deren Aufgaben in der Schule werden in Verträgen mit dem Schulträger umrissen. Dennoch muss die Schulleitung die Sekretärin in ihre Aufgaben einweisen, ihr die Tätigkeitsbereiche sowie den Umfang selbständiger Arbeit erläutern. Im Rahmen der Fürsorgepflicht setzt sich die Schulleitung auch beim Schulträger z. B. dafür ein, den Arbeitsplatz der Sekretärin angemessen zu gestalten und auszustatten. Bei der Neubesetzung von Stellen dieser beiden Berufsgruppen ist es eine wichtige Aufgabe der Schulleitung, bei der Personalauswahl mitzuwirken, um nicht später ständig mit Konflikten konfrontiert zu sein. Nicht jede qualifizierte Verwaltungsschreibkraft und nicht jeder Handwerker ist für eine Tätigkeit in der Schule qualifiziert. Die Schulleitung tut im Sinne des Konfliktmanagements gut daran, das Einverständnis des Schulträgers einzuholen, wenn es um Anordnungen mit arbeits- und tarifrechtlichen Aspekten im Zusammenhang von Arbeitsbedingungen, Arbeitszeiten (Überstunden) und Urlaub geht.

Das Übertragen von Führungsaufgaben auf die *stellvertretende Schulleitung* oder auf Mitglieder des Kollegiums geschieht,

- um die Schulleitung zu entlasten und mehr Zeit für besonders wichtige Führungsaufgaben zu gewinnen,
- um Fachkenntnisse und Erfahrungen anderer Pädagogen zu nutzen und zugleich deren Kompetenzen weiter zu fördern,
- um sie an der Verwirklichung des schulischen Bildungs- und Erziehungsauftrags über den Unterricht hinaus teilhaben zu lassen,
- um durch vielfältige Kooperationsprozesse ein günstiges Gruppenklima zu schaffen, das von personaler Akzeptanz und Anerkennung beruflicher Arbeit geprägt ist,
- um durch wachsende Leistungsmotivation und Arbeitszufriedenheit letzthin mehr zum Wohl der Schülerinnen und Schüler zu tun.

Schulleiterin oder Schulleiter delegieren ihrer *ständigen Vertretung* einen Teil ihrer Leitungsaufgaben. Sie behalten allerdings die Gesamtverantwortung. So nimmt die ständige Vertretung nach den Vorgaben der Allgemeinen Dienstordnung des Landes Nordrhein-Westfalen z. B. folgende Aufgaben selbständig wahr: sie plant und koordiniert die Bildung von Klassen, stellt Stunden-, Raum- und Aufsichtspläne auf, regelt den Vertretungsunterricht, verwaltet den Schülerdatenbestand und kümmert sich um statistische Anforderungen an die Schule. Sie plant und bewirtschaftet die Haushaltsmittel.

Um Konflikte bei der Wahrnehmung übertragener Aufgaben gering zu halten, sollte die Delegation von Führungsaufgaben an die stellvertretende Schulleitung möglichst einvernehmlich geregelt werden. Auch die persönlichen Neigungen sollten hierbei mitbedacht werden. Der Gesetzgeber weist sogar darauf hin, dass Näheres in einer Geschäftsordnung geregelt werden kann. Diese könnte z. B. enthalten,

- wer konkret welche Aufgabengebiete wahrnimmt (ist auch wichtig für die Außendarstellung gegenüber den Mitwirkungsorganen),
- welche generellen und aufgabenspezifischen Ziele zugrundegelegt werden,
- Umfang und Strukturelemente der Aufgabengebiete,
- welche Formen von Arbeitsprozessen favorisiert werden,
- Termine und Zeitrahmen,
- Möglichkeiten für den Informations- und Erfahrungsaustausch,
- in welcher Form die Schulleitung ihre Kontrollfunktion wahrnehmen möchte.

Für die Gesamtschulen in Nordrhein-Westfalen werden noch weitere Delegationsaufgaben für die ständige Vertretung der Schulleitung vorgesehen, wie z. B. Planung und Organisation des Ganztagsbereichs sowie Zusammenarbeit mit dem Schulträger auf dem Gebiet des Gesundheitswesens.

Delegationsaufgaben müssen i. d. R. im Zusammenspiel mit den Mitwirkungsorganen der Schule gesehen werden. Wenn die stellvertretende Schulleitung z. B. das Aufstellen des Stundenplanes übernimmt, so hat sie in Nordrhein-Westfalen zu beachten

- die Vorgaben des Gesetzgebers (u. a. Richtlinien/Lehrpläne, Stundentafel),
- die Zielvorgaben der Schulleitung,
- die von der Schulkonferenz, dem Entscheidungsorgan der Schule, empfohlenen Grundsätze zur Unterrichtsverteilung und zur Einrichtung von Kursen,

- die Wünsche der einzelnen Lehrerinnen und Lehrer,
- die Entscheidung der Lehrerkonferenz,
- die Hallen- und Sportstättenbelegungspläne des Schulträgers.

Zur Unterstützung der stellvertretenden Schulleitung bei dieser arbeitsintensiven und zeitaufwändigen Tätigkeit wird sehr oft ein Kollegenteam berufen. So kann auch ein höheres Maß an Akzeptanz des Planungsergebnisses durch das Kollegium erreicht werden. Das ist aber dadurch nicht gesichert. Konflikte gibt es eigentlich stets, wenn der Entwurf dem Kollegium vorgestellt wird. Einige fühlen sich benachteiligt, weil ihre Anliegen nicht gut genug berücksichtigt wurden, andere bezeichnen im Nachhinein die vorgegebenen Ziele als problematisch oder unrealistisch. Bei der evtl. notwendig werdenden Veränderung und Optimierung sollte sich die Schulleiterin bzw. der Schulleiter wieder einschalten, die Einwände ggf. zurückweisen oder die Zielvorgaben modifizieren und gemeinsam mit allen nach Alternativen der Plangestaltung suchen. Die endgültige organisatorische Umsetzung ist dann wieder Aufgabe des Planungsteams.

Lehrerinnen und Lehrer können besondere *Koordinierungsaufgaben* im pädagogischen, fachlichen, organisatorischen und verwaltungsmäßigen Bereich übertragen werden. Es gilt hierbei der Grundsatz: im Rahmen des Zumutbaren. Auf der anderen Seite gibt es eine Beratungs- und Unterstützungsverpflichtung gegenüber der Schulleitung. Sie stellt eine wichtige Grundlage für die vertrauensvolle Zusammenarbeit bei der Erfüllung des Bildungs- und Erziehungsauftrages dar. Allerdings sollte sich die Schulleitung auch nicht scheuen, den einzelnen Lehrer oder die einzelne Lehrerin zur Unterstützung und Beratung zu ermuntern. An Gymnasien, Gesamtschulen, berufsbildenden Schulen, Kollegschulen und Sonderschulen sind besondere *Funktionsstellen* vorhanden. So werden z. B. Angelegenheiten der Kl. 7 bis 10 am Gymnasium vom Mittelstufenkoordinator oder der -koordinatorin wahrgenommen. Deren Aufgabengebiete stellen u. a. dar: Sprachendifferenzierung in Kl. 7, Wahlen für den Differenzierungsbereich der Stufen 9 und 10, Unterrichtsverteilung und Stundenplangestaltung für den Differenzierungsbereich, Beratung im Hinblick auf die Schullaufbahn, Wanderungen und Projektveranstaltungen.

An Berufsbildenden Schulen sind z. B. *Fachbereichs- und Fachkoordinatoren und -koordinatorinnen* verantwortlich für die Koordinierung curricularer und didaktisch-methodischer Fragen. Sie stimmen sich ab mit den Fachbereichs- und Fachkonferenzen und deren Vorsitzenden und sind u. a. mitverantwortlich für die Koordinierung von Ausbildungsfragen mit den Ausbildungsgruppen des Studienseminars.

Im Rahmen des Weisungsrechts der Schulleitung nehmen Koordinatoren ihre Aufgaben selbständig wahr. Sie sind für eine sachgerechte Erledigung der übertragenen Aufgaben der Schulleiterin bzw. dem Schulleiter gegenüber verantwortlich. In Dienstbesprechungen ist die Einheitlichkeit des Handelns der Schulleitung durch gegenseitige Information und durch Absprachen sicherzustellen.

Worauf die Schulleitung bei der Delegation achten sollte

Die mit Sonderaufgaben betraute Lehrkraft muss den an sie gestellten Anforderungen gerecht werden. Das bezieht sich auf fachliche Ansprüche und bei der Arbeit mit Teams auch auf soziale Fähigkeiten. Bei der Kooperation mit Gruppen benötigt sie Leitungskompetenz, d. h.

- sie achtet darauf, dass möglichst alle zu Wort kommen können,
- sie moderiert so, dass alle ihre spezifischen Fähigkeiten einbringen können,
- sie geht ziel- und methodenorientiert vor, schafft Transparenz der Arbeitsschritte und sorgt dafür, dass das Team möglichst im Konsens zu Arbeitsergebnissen kommt,
- sie versteht es, in schwierigen Gesprächssituationen Grundregeln der Konfliktmoderation zu verwenden.

Die mit der Wahrnehmung übertragener Aufgaben betraute Lehrkraft muss bereit sein, die von der Schulleitung gesteckten Kompetenzgrenzen einzuhalten, ihre gemachten Erfahrungen und erzielten Ergebnisse der Schulleitung gegenüber offen zu legen. Kritik an ihrer Tätigkeit sollte sie nicht als Angriff auf ihre Person auffassen.

Es stellt sich die Frage: Gibt es im Lehrerkollegium überhaupt Personen, die solchen Anforderungen entsprechen?

Natürlich sind sie in jedem Kollegium vorhanden. Oft sind sie es, die bereits schon einige Aufgaben wahrnehmen. Sie dürfen nicht zuviele zusätzliche Belastungen erfahren. Somit ist es auch Sache der Schulleitung, neue KollegInnen zu gewinnen und sie dann behutsam auf besonders verantwortliche Aufgaben vorzubereiten. Nur durch intensiven

Kontakt und eine Reihe von Einzelgesprächen ist ein Kreis von Lehrerinnen und Lehrern zu gewinnen, die fähig und bereit sind, Delegationsaufgaben anspruchsvoll zu bewältigen. Sich allein auf Vorschläge des Lehrerkollegiums zu verlassen, hilft nur selten weiter.

Weiterführendes

Bieger, E. & Mügge, J. (1995). Hinter Konflikten stecken Energien. Kompetenz für Leitung und Moderation. Hamburg.

Buhren, C.G. & Rolff, H.G. (2002). Personalentwicklung in Schulen. Konzepte, Praxisbausteine, Methoden. Weinheim.

Kansteiner-Schänzen, K. (2002). Personalführung in Schulen. Übereinstimmungen und Unterschiede zwischen Frauen und Männern in der Schulleitung. Bad Heilbrunn.

Neubauer, W., Gampe, H., Knapp, R. & Wichterich, H. (1999). Konflikte in der Schule. Aggression – Kooperation – Schulentwicklung. (5. völlig überarb. u. erw. Aufl.). Neuwied/Kriftel.

Schulz v. Thun & Ruppel, J. & Stratmann, R. (2002[4]). Miteinander reden. Kommunikationspsychologie für Führungskräfte. Reinbek bei Hamburg.

6. Langfristiges Konfliktmanagement

In den vorherigen Kapiteln wurde schwerpunktmäßig auf kurzfristiges Konfliktmanagement eingegangen. Obwohl ein erfolgreiches Lösen von zwischenmenschlichen Konflikten nicht nur die Beziehungsqualität verbessert, sondern als Nebeneffekt auch einen Beitrag zur Personal- und Teamentwicklung leistet, ist es erforderlich, in systematischer Weise ein langfristiges Konfliktmanagement zu realisieren. Im Folgenden werden ein paar Beispiele genannt.

(1) »Unsere Schülerinnen und Schüler sollten ihre Konflikte doch eigentlich selbst lösen!«

Einführung von Schüler-Streitschlichtung (Peer-Mediation)

- Wie kann Schüler-Streitschlichtung an einer Schule eingeführt werden?
- Welches sind die Ziele und Inhalte der Ausbildung von Mediatoren in der Schule?
- Wie sichert die Schulleitung Peer-Mediation ab?
- Welche Prozessphasen ergeben sich in einer zusammenfassenden Übersicht?

Intentionen

Zahlreiche Schulen haben in der zurückliegenden Zeit Peer Mediation – Schüler-Streitschlichtung – als Bestandteil des Schulprogramms verwirklicht.

Die Lehrkräfte, die solche Ausbildungs- und Einsatzprogramme in die Schulen gebracht haben, ließen sich u. a. von folgenden Aspekten leiten (vgl. Schmieta, M. & Wichterich, H. 1997):

- Im Zuge veränderter gesellschaftlicher Bedingungen muss die Vermittlung sozialer Kompetenzen an Kinder und Jugendliche vermehrt von den Schulen übernommen werden. Ein wichtiger Bestandteil sozialer Kompetenz ist die Konfliktfähigkeit und das Lernen von Strategien, die dazu beitragen Streitpunkte gewaltfrei zu lösen.
- Schüler-Streitschlichter-Programme (Jefferys & Noack, 1995; Jefferys-Duden, 1998) befähigen Kinder und Jugendliche, ihre Konflikte

weitgehend selbstständig und ohne Hilfe der Lehrerinnen und Lehrer zu lösen. Mittel- und langfristig führt diese erworbene Selbstständigkeit zu einer Entlastung der Lehrkräfte.

- Das Klima der Schule wird durch die Beteiligung aller Altersgruppen positiv beeinflusst. Die Entscheidung, sich aktiv für das Zusammenleben in der Schule einzusetzen, kann zu einem verbesserten Schulprofil führen.
- Alle Konflikte der Jugendlichen können durch die jugendlichen Schlichterinnen und Schlichter berücksichtigt werden, und es werden nicht nur die Konflikte bearbeitet, die in das Zeitbudget der Lehrkräfte passen und von diesen wahrgenommen und als wichtig angesehen werden.
- Selbststeuerungskompetenzen von Kindern und Jugendlichen werden durch die Einführung der Streitschlichtung/Mediation gestärkt. Selbstständigkeit und Eigenverantwortlichkeit bei der Gestaltung von Lösungswegen ist gewährleistet – in vorgegebenen Rahmenbedingungen und zur Orientierung aller. Die gefundenen Lösungen passen oft gut in das Denksystem und zu den Empfindungen der Heranwachsenden.
- Die Sensibilität bei der Wahrnehmung anderer Menschen, ihrer Bedürfnisse, Interessen und Empfindungen, wird gelehrt und kann geschärft werden.
- Primäre Präventionsarbeit wird geleistet. Dieser Effekt der Programme bezieht sich nicht nur auf Konflikt- und Gewaltreduktion, sondern findet in der gesamten Persönlichkeitsentwicklung der Kinder und Jugendlichen ihren Niederschlag. Somit können auch Elternhaus und Jugendarbeit davon profitieren, wenn die erlernten Fähigkeiten und Konfliktlösungsstrategien auch außerhalb der Schule angewendet werden.
- Konflikte werden mit Hilfe derjenigen gelöst, die sie verursacht haben. Eine »Delegation«, wie sonst oft üblich, findet nicht statt. Die Besprechung des Konflikts und die Wiedergutmachung bei gewalttätigem Handeln stehen wie beim Täter-Opfer-Ausgleich in engem Zusammenhang mit der Tat und dem Geschädigten.

Vorbereitung einer Einführung

Aufgabe der Schulleitung ist es im Hinblick auf Innovationen allgemein und auch bei der Einführung der Schüler-Streitschlichtung, die Rahmenbedingungen zu schaffen, damit engagierte Kollegen das Kollegium insgesamt für eine neue Idee gewinnen können und bei der Umsetzung im Schulalltag die notwendige »Rückendeckung« erleben.

Die Erfahrungen von Lehrkräften bei der Einführung der Schüler-Streitschlichtung war häufig anders. Sie waren nicht nur bereit und in der Lage, Schülerinnen und Schüler auszubilden und während des Einsatzes die Schülergruppe zu begleiten und in schwierigen Situationen zu stärken, sondern sie mussten auch selbst im Kollegium dafür kämpfen, diese Aufgabe übernehmen zu können. Dies ist eine ungünstige Konstellation, wenn Lehrer sich sozusagen im Kollegium rechtfertigen müssen, um eine für die Schule insgesamt wichtige Aufgabe leisten zu dürfen. Wünschenswert ist es, wenn nicht die unmittelbar Beteiligten und an Mediation Interessierten für dieses Konzept eintreten, sondern hier von der Schulleitung vertreten werden.

Das bedeutet, alles dafür zu tun, dass die Intentionen von Mediation an die Schülerschaft, die Eltern, die einzelnen Kolleginnen und Kollegen gelangen. Für das Kollegium wäre ein pädagogischer Tag, der sich nur dem Thema »Peer-Mediation« widmet, ein guter Einstieg. Hier könnten folgende Punkte im Mittelpunkt stehen:

- Information über gute Erfahrungen mit der Schüler-Streitschlichtung,
- Rolle und Aufgaben des Schülermediators,
- Erfassen der Bereitschaft zur Mitarbeit auf diesem Gebiet und der personellen Ressourcen,
- Prüfen des eventuellen Einbezugs von Trainingsteams der freien Träger der Jugendhilfe in den Ausbildungsprozess,
- Wie die Schülerschaft und Elternschaft für das Anliegen gewonnen werden können,
- Möglichkeiten der Unterrichtsgestaltung zum Thema »Konstruktive Konfliktbewältigung«,
- Fragen der Organisation im Schulalltag (u. a. Zeitrahmen für Mediationen; Verteilung der Aufgaben auf ausgebildete Mediatoren; Beschaffen eines Mediationsraumes) sowie der Ausbildung von Schülerinnen und Schülern zu Mediatoren und der Begleitung durch bestimmte Lehrkräfte,
- Definition von schlichtungswürdigen Konfliktfällen und Abgrenzen von Gegebenheiten, bei denen Mediation nicht sinnvoll ist oder die Schülerinnen und Schüler in ihrer Rolle als Mediatoren überfordert würden.

Aufgaben einer Lehrkraft, die als Coach tätig wird

Die Lehrerinnen und Lehrer, die die Schülerinnen und Schüler beim Ausbildungsprozess zu Mediatoren begleiten und ihnen auch später zur Seite stehen, heißen Coach. Sie haben vor allem folgende Aufgaben:

- die Gruppe der Mediatoren so zu begleiten, dass sie mehr und mehr in die Verantwortung hineinwachsen und die Rahmenbedingungen sowie die Grenzen ihrer Tätigkeit genau kennenlernen,
- aufkommende Konflikte und Hindernisse in der Gruppe so früh wie möglich zu erkennen und zu versuchen, sie konstruktiv zu lösen,
- bei Meinungsverschiedenheiten mit der Gruppe eine begründete eigene Position zu beziehen,
- die Jugendlichen gegen eventuelle Anfeindungen von außen (aus der Schülerschaft, dem Lehrerkollegium, den Erziehungsberechtigten) zu schützen, selbst dann, wenn sie mal Fehler machen,
- eine Art Supervision mit ihnen durchzuführen, um ihnen beim Reflektieren von Erfahrungen und beim Erkennen eigener Grenzen zu helfen,
- dafür zu sorgen, den Zusammenhalt der Gruppe der Mediatoren und die gegenseitige Bereitschaft zur Hilfe zu fördern.

Die Auswahl und Beauftragung der Coaches mit der Wahrnehmung ihrer Aufgaben liegt letzthin in der Verantwortung der Schulleitung. Diese Lehrkräfte nehmen damit eine sie herausfordernde Sonderaufgabe wahr.

Einsatz eines Fragebogens

Zur begründeten Absicherung einer Einführung ist ggf. der Einsatz eines Fragebogens sinnvoll. Er könnte Aufschluss über das aktuelle Konflikt- und Aggressionsprofil (Gegebenheiten und Bewältigungsformen) an der eigenen Schule geben. Den Fragebogen erhalten z. B. bei einer Schule der Sekundarstufe I alle Schülerinnen und Schüler des 5./6. Jahrgangs, wenn dort die Ausbildung begonnen werden soll. Aber auch die Lehrkräfte dieser Klassen sollten die Fragen beantworten. Es sollten Fragen entwickelt werden zu den Schwerpunkten: Worüber sich Schülerinnen und Schüler streiten, welche Anlässe und situativen Bedingungen nach eigener Beobachtung Aggressionen und Konflikte auslösen sowie in welchen Formen sie ihre Konflikte lösen bzw. wie Lehrkräfte im Unterricht damit umgehen.

Wird also insgesamt die Einführung als Prozess von Organisationsentwicklung geleistet, an dem alle am Schulleben beteiligten Gruppen mitwirken, so wird nicht nur großes Verständnis für die Einführung dieser Form von Konfliktmanagement geweckt, sondern auch weitgehende Zustimmung zur Einführung. Bevor mit der konkreten Organisation begonnen wird, muss aber die Schulleitung rein formal das Einverständnis des betreffenden Entscheidungsorgans der Schule einholen. Das ist in Nordrhein-Westfalen die Schulkonferenz.

Kooperation mit außerschulischen Institutionen?

Probleme der Schülerinnen und Schüler dürfen nicht nur isoliert auf die Schule hin orientiert gesehen werden, sondern müssen im Zusammenhang mit dem außerschulischen Umfeld betrachtet werden. Oft haben sie nämlich hier ihre eigentlichen Wurzeln. Durch Vernetzung z. B. mit Institutionen der Jugendhilfe kann die Präventionsarbeit effizienter und breiter angelegt gestaltet werden. Zudem kann durch die Möglichkeit des konstruktiven Austauschs mit anderen von Konflikten betroffenen Personen und Institutionen die Thematik auf eine breitere Basis alltäglicher Bewältigungsmöglichkeiten gestellt werden. Die Schule öffnet sich und durchbricht ihr Inseldasein. Alle Schulen sind zur Kooperation z. B. mit Einrichtungen der Jugendhilfe verpflichtet. Schulleitung hat hier ggf. die Initiative zu ergreifen.

Ausbildung von Mediatoren

In Mediationsverfahren wird hinsichtlich der Gesprächsführung auf Konzepte zurückgegriffen, die auch bei anderen Formen der Konfliktbearbeitung und der Zusammenarbeit in Gruppen oder auch in der Beratung üblich sind, beispielsweise Perspektivenwechsel, Ich-Botschaften, empathische Gesprächsführung oder auch die Beachtung von Inhalts- und Beziehungsebene bzw. die Berücksichtigung von Gefühlen der Gesprächspartner.

Streitschlichtung ist ein **strukturierter Gesprächsverlauf** mit den Schritten (Diez & Krabbe, 1996):

- Einleitung, Vereinbarung der Gesprächs- und Schlichtungsregeln,
- Darstellung des Konflikts aus der Sicht der beteiligten Parteien,
- Bearbeitung des Konflikts im Gespräch,
- Problemlösung und
- Übereinkunft hinsichtlich der späteren Umsetzung.

Die Anwesenheit eines Dritten – bei der Peer-Mediation in der Schule also die Anwesenheit einer (älteren) Schülerin oder eines Schülers – macht Schlichtung zu einem besonderen Verfahren der Konfliktbearbeitung. Damit werden selbstständige Konfliktlösungen der Streitenden ohne Einbeziehung eines Schlichters nicht überflüssig oder wertlos.

Jefferys und Noack (1995) haben als erste (zeitgleich mit den Berliner Konfliktlotsen von Ortrud Hagedorn, 1995) einen Ausbildungsvorschlag für Schüler-Streitschlichter entwickelt und erprobt.

Dieses Programm stellt einen Leitfaden zum sozialen Lernen dar. Es ist eine Konkretisierung des schulischen Erziehungsauftrags. Die beiden Teile des Programms beziehen sich auf die Schwerpunkte

- Förderung der Kommunikations- und Konfliktfähigkeit aller Schülerinnen und Schüler und
- Ausbildung von Schlichterinnen und Schlichtern.

Beide Programmteile sind für die Durchführung in größeren Schülergruppen konzipiert und eignen sich für den Einsatz in Klassen. Für die jeweiligen Ziele und Inhalte werden konkrete Schritte und Lernmöglichkeiten angeboten. Es ist auch möglich, je nach Lernstil in der konkreten Klasse oder Gruppe die angegebenen Ziele mit anderen als den vorgeschlagenen Lernsituationen und Wegen zu erreichen; zusätzliche Übungen lassen sich leicht integrieren. Bekannte Kommunikationsübungen sind in das Programm aufgenommen, und auch eine Reihe neuer Verfahren, die an einer Hauptschule erprobt wurden, werden erläutert.

Das Programm von Jefferys & Noack (1995) ist auf die Sekundarstufe I zugeschnitten. Die Schülerinnen und Schüler in den Eingangsklassen, mindestens die Jahrgangsstufen 5 und 6, die besonders häufig in Auseinandersetzungen verwickelt sind, sollen das soziale Kommunikationstraining durchführen. Die Jahrgangsstufe 9 thematisiert die gleichen Fragen als Voraussetzung, um darauf aufbauend eine Schlichterausbildung mitzumachen und anschließend – in der Jahrgangsstufe 10 – als Schlichter wirken zu können. Später hat Jefferys-Duden (1998) ein gesondertes Programm erarbeitet, mit dem jüngere Schülerinnen und Schüler in Grundschulen oder der Erprobungsstufe entsprechende Fähigkeiten trainieren können.

Die Ziele des sozialen Kompetenztrainings, sozusagen der Basisqualifikation, sind:

- die Verbesserung der Konfliktfähigkeit allgemein und eine positive Einstellung zu niederlagefreien Konfliktlösungen speziell,
- Toleranz gegenüber individuellen Unterschieden,
- Verbesserung des Einfühlungsvermögens durch die Fähigkeit, Gefühle zu erkennen und auszudrücken,
- Selbstbehauptung, aber auch Selbstkontrolle in belastenden Situationen,
- Entwicklung von Verhaltensalternativen und Abschätzung von Verhaltenskonsequenzen,
- Erarbeitung von Problemlösungen sowie,
- Förderung der Fähigkeit, Kompromisse zu finden und sich an Abmachungen zu halten.

Entsprechend den Zielsetzungen ist das Trainingsprogramm in folgende Schritte gegliedert:

1. Sensibilisieren für Konflikte und deren Ausgänge,
2. Toleranz und Empathie erproben und festigen,
3. Gefühle besser erkennen und ausdrücken lernen,
4. Selbstkontrolle üben und Ermutigung erfahren,
5. Sich akzeptabel mitteilen,
6. Zuhören und Konzentrieren,
7. Konfliktlösungen suchen und Kompromisse finden.

Das Training der sozialen Kompetenz ist unabhängig von der Einführung der Schlichtung in der Schule. Es kann auch in einzelnen Klassen durchgeführt werden. Es ist ein Beitrag, die direkte Konfliktlösungsfähigkeit zu trainieren, um Schülerinnen und Schüler in die Lage zu versetzen, auch ohne einen schlichtenden Dritten aufgetretene Konflikte selbstständig zu bearbeiten.

Wenn Schlichtung durch Gleichgestellte (Peers) zum Schulprogramm gehört, sind solche kommunikativen Basiskompetenzen eine wichtige Voraussetzung für alle. Ansonsten würde man den Schlichtern aufbürden, Grundlagen der konstruktiven Kommunikation in jedem Schlichtungsgespräch erneut zu vermitteln, sofern die Streitparteien dies nicht schon im außerschulischen Kontext gelernt haben.

Schlichterinnen und Schlichter sind verantwortlich für den Prozess, speziell für das Schlichtungsgespräch. Sie weisen auf die Regeln hin, die beiden Parteien ungestörtes Reden ermöglichen. Sie fördern das Verstehen und helfen mehrere Lösungsmöglichkeiten zu entdecken, so dass Fixierungen auf eine Lösung oder eine Alternative, die zur Polarisierung der Positionen führen könnte, vermieden werden. Die Schlichterinnen und Schlichter sind selbst Modell für rücksichtsvolles und empathisches Gesprächsverhalten, so dass die Parteien auch lernen können, wie später mit auftretenden Konflikten umgegangen werden kann.

Die Ziele der Schlichterausbildung sind:

- Schlichtung als formalisiertes, nicht strafendes Verfahren kennen zu lernen,
- Konflikte als Gleichgestellter zu klären,
- Selbstregulationskräfte (Eigenverantwortlichkeit) zu stärken und wirkungsvoll helfen zu können,
- Konstruktive, akzeptierte und verbindliche Lösungen zu finden.

Die Bausteine der Schlichterausbildung sind auf den Verlauf eines Schlichtungsgesprächs ausgerichtet:

1. Einführen und Bekanntmachen des Schlichtungskonzepts,
2. Thematisieren von Vorurteilen,
3. Vorbereitung auf und Gesprächsführung im Schlichtungsgespräch,
4. Austausch von Standpunkten und konstruktive Besprechung von Unterschieden,
5. Übung von Gesprächsphasen zur Lösung von Konflikten und Kriterien guter Lösungen,
6. Vorbereitung und Formulierung von Abkommen,
7. Probleme, die ggf. bei der Schlichtung auftreten können, und Möglichkeiten der Ko-Schlichtung,
8. Abschluss der Ausbildung, Feedback, Einrichtung eines Schlichtungsraums etc.

Die Fähigkeit zum aktiven Zuhören, zur Vertraulichkeit, Neutralität und Zurückhaltung sind Fähigkeiten guter Schlichterinnen und Schlichter; diese Fähigkeiten müssen verbunden sein mit einem engagierten Eintreten für die Regeln konstruktiver Gesprächsführung. In der Ausbildung sollen die Schülerinnen und Schüler etwas über die Verbreitung und die Wirkungen von Vorurteilen erfahren, so dass sie sich eigener Vorurteile und blinder Flecke bewusst werden können. Sie müssen lernen, ein Schlichtungsgespräch zu moderieren und Interventionen auch für kritische Situationen verfügbar zu haben, wenn das Gespräch beispielsweise hitzig und feindlich zu werden droht. Die Peers als Schlichterinnen und Schlichter sind im Gespräch verantwortlich für den Prozess, nicht aber für die Inhalte oder die Lösungen. Sie müssen Kriterien guter Lösungen kennen und für die Erfüllung dieser Kriterien werben können. Nur so ist sichergestellt, dass die Streitenden schließlich Lösungen vereinbaren, die fair, ausgeglichen, angemessen, möglichst selbstverantwortet und damit auch für die Zukunft tragfähig sind.

Weitere Absicherungen durch die Schulleitung

Peer-Mediation erreicht einen hohen Grad an Akzeptanz, wenn sie als Form der Konfliktbewältigung ihren Platz im Schulprogramm erhält. Auch die Ausbildung zum Mediator mit ihren Zielvorstellungen sollte in ihren Grundzügen erwähnt werden.

Die Schulleitung ist neben den Coaches verantwortlich dafür, dass das anfängliche hohe Engagement von Schülern erhalten bleibt. Regelmäßiges Treffen des Mediationsteams, bei dem aufgetretene Probleme und besondere Fälle besprochen werden, trägt mit dazu bei, die Motivation aufrecht zu halten. Die Schulleitung tut gut daran, sich ab und zu mal hierzu einladen zu lassen, um das eigene Interesse zu zeigen und bei der Überwindung von Alltagsproblemen behilflich zu sein. Auch die Fortbildung der betreffenden Lehrergruppe sollte für sie ein wichtiges Anliegen sein. Die Schulleitung sollte auch Wert darauf legen, dass über Peer-Mediation der Erfahrungsaustausch mit Lehrkräften anderer Schulen sowie mit Fachleuten der Jugendhilfe im Rahmen von Arbeitskreisen oder sog. Runden Tischen in Gang kommt bzw. zur Regel wird. Weitere Lehrkräfte müssen u. U. für das Lehrerteam, das sich speziell mit Fragen der Schüler-Streitschlichtung befasst, gewonnen werden. Dazu ist immer mal wieder ein Bericht über die Erfahrungen mit dieser Arbeitsform in den Mitwirkungsgremien von Lehrkräften, Eltern und Schülern bedeutsam. Mindestens zu Beginn der Peer-Mediation sollte auch die Presse eingeschaltet werden und über den Start dieser Maßnahme die Öffentlichkeit informieren. Die gerade im »Dienst« befindlichen Streitschlichter sollten, um von allen Schülerinnen und Schülern sofort erkannt werden zu können, in den Pausen eine auffällige Armbinde tragen. Am Schwarzen Brett der Schülermitwirkung sollten sie zudem eine eigene Fläche haben, die sie nutzen können, um auf sich aufmerksam zu machen.

Auswertung (Evaluation)

In regelmäßigen Abständen sollte gemeinsam mit den ausgebildeten Mediatoren über den Stand und Erfolg der Arbeit nachgedacht werden. Oft stehen organisatorische Verbesserungen im Mittelpunkt. Die Umsetzung sollten dann die Coaches aber nicht im Alleingang vornehmen, sondern stets im Konsens mit der Schulleitung.

Zusammenfassende Übersicht

1. **Ausgangsanalyse** (Analyse der Ausgangssituation, der Bedingungen und Voraussetzungen)

1.1 Erscheinungsbilder des Problemverhaltens zusammenstellen

1.2 Sozialanalysen (sozialkulturelle Gegebenheiten in der Schule und in einzelnen Klassen; Beziehungsstrukturen in den Klassen, der Schule, im Verhältnis von Schule und Elternhaus; Erfassen möglicher sozialer Ursachen für das Problemverhalten einzelner Schülerinnen und Schüler; kollegiale Kooperation ...)

1.3 Individualanalysen (Einzelbilder; anthropologische Gegebenheiten; individuelle Ursachen für bestimmtes Problemverhalten; Erfassen individueller Ressourcen, auf denen sich aufbauen lässt)

1.4 Institutionelle oder organisatorische Gründe für die Auffälligkeiten einiger Schülerinnen und Schüler bekannt?

1.5 Einschätzen eigener Kompetenzen (der Schulleitung) im Hinblick auf die Konfliktbewältigung und die des Kollegiums; Einbezug außerschulischer Fachleute zur Unterstützung erforderlich?

1.6 Klären von institutionellen Rahmenbedingungen (u. a.: Raum für Mediation vorhanden? Finanzierung von Maßnahmen? Zeitkontingente für Lehrkräfte sowie Schülerinnen und Schüler? Rechtliche Aspekte?)

2. **Bewertung der Analysedaten und Entscheidung** für einen Start mit realistischen Zielen und in überschaubaren Projekten

3. **Planung**

3.1 Erarbeiten theoretischer Grundlagen zu den Themen Aggression und Gewalt sowie zu möglichen Formen der Bewältigung dieser Verhaltensformen

3.2 Vorbereitende Trainings für Lehrkräfte und Schüler erforderlich? – Einbezug der Themen in den Unterricht?

3.3 Formulieren von Intentionen (Richtzielen)
3.4 Gedachte Aktivitäten, Projekte? Prioritäten hierbei? (Definition von Zielen, Einzelthemen, Methoden, Medien; wer übernimmt welche Verantwortung?)
3.5 Mögliche Störfaktoren bei der Realisierung und beabsichtigte Reaktion hierauf?
3.6 Zeitraster; Durchführung im Überblick?

4. Auswertung (Evaluation)
Zwischenauswertungen zur Überprüfung erreichter Ziele und notwendiger Änderungen

Weiterführendes

Dulabaum, N. (2003[4]). Mediation: Das ABC. Die Kunst in Konflikten erfolgreich zu vermitteln. Weinheim.

Myschker, N. (1996[2]). Verhaltensstörungen bei Kindern und Jugendlichen. Stuttgart, Berlin, Köln.

(2) »In unserer Lehrerkonferenz haben wir immer zu wenig Zeit zum Austausch über Erfahrungen. Ein regelmäßiger Austausch könnte zugleich unsere kollegialen Beziehungen verbessern!«

Feste Termine zur kollegialen Aussprache und Beratung

- Welche Bedeutung hat eine solche Aussprachemöglichkeit?
- Welche Themen werden gewählt, wie sehen Zeitplan und möglicher Verlauf aus?

Was die Zusammenarbeit im Kollegium fördert oder stört, kommt offensichtlich als Thema zu kurz. Ein solcher Prozess der Metakommunikation, d. h. des gemeinsamen Überdenkens der Kontakte und des Lernens aus den alltäglichen Erfahrungen, könnte maßgeblich dazu beitragen, dass sich das Kollegium weiterentwickelt. Als Schulleitung sollten Sie diesen an Sie herangetragenen Wunsch einiger Kolleginnen und Kollegen als sinnvoll ansehen. Sie sollten Ihre Bereitschaft erklären, dieses Anliegen eines offenen Kommunikationsprozesses aufzunehmen und über geeignete Rahmenbedingungen hierfür weiter nachzudenken.

Sie sollten bereit sein, das Anliegen eines solchen Kommunikationsprozesses zu stützen, obwohl Sie wissen, dass auch Ihr Führungsverhalten dann mehr als bisher hinterfragt wird.

Wie könnten Sie dieses Forum neu einführen?

1. Verdeutlichen der Bedeutung einer solchen Aussprachemöglichkeit

Nicht alle haben sich spontan zum vorgebrachten Anliegen einiger Lehrkräfte geäußert. Sie sind wahrscheinlich skeptisch oder ablehnend, denn »es gibt bereits Termine in der Schule genug!« Zudem sind Sie unsicher, inwiefern Sie selbst sich bei diesen Gesprächen engagieren und öffnen müssen bzw. wie Sie sich bei Kritik an Ihrem Verhalten äußern sollen. Für Sie als Schulleitung ist es daher unverzichtbar, den Sinn dieses Ausspracheforums noch einmal bei passender Gelegenheit und nach eigenem Überdenken des methodischen Verlaufs herauszustellen. Vielleicht gibt es die Möglichkeit, nach Erfahrungen an anderen Schulen zu fragen? Sie sollten, um die Bedenken Ihrer Kolleginnen und Kollegen zu berücksichtigen, den Wert des Gremiums als Ort des Erfahrungsaustauschs und der gegenseitigen Beratung betonen. Die Terminfolge sollte nicht zu dicht sein. Wöchentliche Sitzungen finden bestimmt wenig Zustimmung. – Natürlich wäre es wünschenswert, diese Teamsitzungen mit dem ganzen Kollegium durchzuführen. Manchmal würde aber die Größe des Teams ein intensives Gespräch stark einschränken, auch wenn Sie möglicherweise zwei Stuhlkreise vorsehen. In diesem Fall sollten Sie mit dem Kollegium abstimmen, ob nicht die Struktur der Stufenteams auch die Organisationsgrundlage für die Gespräche sein kann. Natürlich haben Sie dann selbst das Problem der Terminfülle. Verpflichtend sollten Sie die Teilnahme nicht machen, aber zum Ausdruck bringen, dass die Anwesenheit aller wünschenswert erscheint. Sie können davon ausgehen, dass alle gerne wiederkommen und ein für die meisten optimaler Nachfolgetermin gefunden wird, wenn der Wert dieses Forums selbst erlebt wird. Für die Schulleitung würde die Arbeit auf dieser Ebene die Chance bieten, bereits Anfänge von entstehenden Konflikten, z. B. in Form von kleinen Unstimmigkeiten, aufzugreifen und gemeinsam zu bearbeiten, bevor sie sich vergrößern. Zum anderen kann sich durch solche Gesprächskreise eine Art »Kultur« der Bewältigung von Konflikten, d. h. ein konstruktiver Umgang damit, herausbilden.

2. Themenwahl

Für den Anfang sollten Alltagserfahrungen im Umgang mit Schülerinnen und Schülern stehen, die im Verhalten und Lernen auffallen und den Unterricht stören. So kann jeder durch den Erfahrungsaustausch unmittelbar für sein pädagogisches Handeln profitieren. Vielleicht entsteht auch der Wunsch, differenziertere Einzelheiten über Verursachungshintergründe von Verhaltensstörungen und mögliche pädagogische Handlungskonzepte kennenzulernen. So könnten ggf. einzelne Kolleginnen und Kollegen für Kurzreferate zu bestimmten Formen von Störungen gewonnen oder eine Fachkraft aus einer Beratungsstelle für die Vermittlung von fachlichen Informationen über pädagogisch-therapeutische Ansätze der Bewältigung eingeladen werden. Das kann alle bereichern.

Bei der Aufarbeitung von Erfahrungen auf diesem Gebiet werden auch die Beziehungen der Kolleginnen und Kollegen, vor allem derjenigen, die von den jeweiligen Fällen betroffen sind, mit reflektiert. Auch die Schulleitung und die Zusammenarbeit mit bestimmten Eltern ist evtl. ein Themenaspekt. Später, wenn genügend gegenseitiges Vertrauen entstanden ist, sollte über diese Fälle hinaus die Beziehungsebene und die Verbesserung der Qualität der kollegialen Kooperation Thema sein.

3. Zeitplan

Aus der praktischen Erfahrung heraus erscheint ein Zeitrahmen von rund 90 Minuten für eine Sitzung als angemessen.

4. Möglicher Verlauf

Ihr Methodenkonzept sollten Sie ziel- und ergebnisorientiert entwerfen, damit ein gesicherter Erkenntnisgewinn für alle erreicht wird. Es bietet sich an, sich grundlegend am vorher beschriebenen Gesprächsmodell der kooperativen Entscheidungsfindung zu orientieren. Mindestens die erste Sitzung sollten sie als Schulleitung selbst moderieren. Danach sollte jemand aus dem Kollegium die Moderation übernehmen, der bereits Erfahrungen auf diesem Gebiet hat, vielleicht hierzu eine Fortbildungsveranstaltung besuchte. Aus Erfahrungen von Kollegien haben sich folgende Ablaufphasen (vgl. auch Knapp 1999[5], 149 ff.) bewährt:

Phase 1:

- **Sammeln von Konfliktfällen**
  Alle sind aufgefordert, sich mit Themenwünschen einzubringen.
- Nach der Dringlichkeit der Problematik bzw. der besonderen Belastung durch das Schwelen des Konflikts werden gemeinsam Prioritäten bei der Auswahl gebildet.

Phase 2

- **Fallschilderung und erste Rückmeldungen**
  Die Lehrkraft stellt ihren Konfliktfall möglichst genau dar. Die anwesenden Kollegen und Kolleginnen hören zu und machen sich ggf. für die weitere Bearbeitung Notizen.
  Danach werden alle von der Schulleitung gebeten, dem berichtenden Teammitglied zu sagen, was die Falldarstellung und die damit sichtbar gewordene schwierige Lage der Kollegin bzw. des Kollegen bei ihnen für Gedanken und Gefühle auslöste. Hier haben Sie als Schulleitung mit Ihrer Moderation darauf zu achten, dass die Blitzlichtregeln, d. h. den gerade Berichtenden nicht zu kritisieren und bei den eigenen Äußerungen nur aus persönlicher Sicht zu sprechen, eingehalten werden.

Phase 3:

- **Gemeinsame Arbeit am Konfliktfall**
  (1) Um die situativen Gegebenheiten und die komplexe Problematik besser zu verstehen, können die »Berater« nun beim Rat Suchenden nachfragen. Sie stellen sog. Informationsfragen zum Sachverhalt, wie z. B.: «Wie war das?« Fragen in der Art »Warum hast du das gerade so und nicht ganz anders gemacht?« passen jetzt noch nicht. Oft ist es besonders eindrucksvoll, den Kern des Konflikts rollenverteilt zu spielen. So wird das Geschehen noch einmal lebendig und für die Anwesenden leichter nachvollziehbar.
  (2) Das Kollegium wird nun darum gebeten, eine kurze Reflexionspause einzulegen. Jeder überdenkt für sich noch einmal die Konfliktsituation mit ihren Bedingungsfaktoren.
  (3) Die Schulleitung fordert die Gruppe auf, sich ganz in die Rolle des Kollegen bzw. der Kollegin zu versetzen und aus eigener Sicht das Geschehen darzustellen. Dies sollen sie ganz deutlich machen, indem sie stets einleiten mit »Ich als du ...« Der Rat Suchende schweigt während dieser Zeit und hört gut zu. Er macht sich Notizen zu den i. d. R. unterschiedlichen Perspektiven der Äuße-

rungen. Sie benutzt er als Gedächtnisstütze für die spätere Rückmeldung.

(4) Nach Abschluss der Runde äußert sich die Rat Suchende Lehrkraft. Sie klärt darüber auf, von wem sie sich besonders treffend verstanden fühlte, was sie sonst bei den Erzählungen interessant oder als neue Sichtweise empfunden hat und räumt ggf. Missverständnisse aus.

(5) Es können nun, je nach Erfordernis, weitere Informationen zum Problem gesammelt, aber auch erste Lösungsmöglichkeiten der Konfliktsituation versucht werden.

(6) In der Rolle »Ich als …« sollten zwei oder drei Kolleginnen versuchen, ihre Lösungsalternative mit den gedachten Entscheidungsschritten möglichst anschaulich zu schildern.

(7) Die vorgetragenen Lösungsvorschläge werden von der Rat suchenden Person beurteilt. Sie beschreibt, mit welcher Alternative sie sich am besten identifizieren kann. Alle sind interessiert daran, was sie an Erkenntnissen aus dem bisherigen Arbeitsprozess gewonnen hat und welchen Schritt sie als nächsten gehen will.

Phase 4: Abschlussphase

Die kollegiale Beratung klingt mit einem Blitzlicht aus. Alle Beteiligten beschreiben, wie es ihnen im Verlauf des Arbeitsprozesses ging, welche Phasen für sie sehr intensiv und aufschlussreich waren, was ihre Motivation zur Mitarbeit besonders beeinflusste. Es sollte auch der neue Termin vereinbart werden. Das nächste Thema kann aus der Prioritätenliste genommen werden.

Weiterführendes

Klein, J., Träbert, D. (2001). Wenn es mit dem Lernen nicht klappt. Schluss mit Schulproblemen und Familienstress. Reinbek.

Knapp, R. (1999[5]). Kollegiale Fallberatung. In: Neubauer, W., Gampe, H., Knapp, R. & Wichterich, H. : Konflikte in der Schule. Aggression-Kooperation-Schulentwicklung. Neuwied, Kriftel.

Philipp, E., Rademacher, H. (2002). Konfliktmanagement im Kollegium. Arbeitsbuch mit Modellen und Methoden. Weinheim und Basel.

(3) »Immer Ärger mit den Noten!«

Erarbeiten von Grundsätzen zur Leistungsbewertung

- Welche Ziele hat das Vorhaben?
- An welchen Fragen könnte sich der gesamte Arbeitsprozess orientieren?

Es gibt im Kollegium Konflikte wegen Streuung von Zensuren bei Leistungsbewertungen. Auch die Eltern mischen sich oft ein: »Bei Frau E. fallen die Englischarbeiten besser aus. Zensieren Sie nicht zu streng?« Manche Lehrkraft fühlt sich beim Beurteilen von Arbeiten allein gelassen und hilflos. Sie weiß, dass sie für die von ihr zu vergebenden Leistungsbewertungen allein verantwortlich ist, möchte andererseits aber auch gerne mit den Kolleginnen und Kollegen abgestimmte »Grundsätze« haben.

Wie könnte die Schulleitung hier vorgehen?

Sie sollte das Anliegen aufgreifen und zunächst mit allen Lehrkräften zusammen eine Linie, einen »Fahrplan«, erarbeiten mit den wichtigsten Entscheidungspunkten. Während die Gemeinschaft aller Lehrer (in NRW: die Lehrerkonferenz) über das Vorgehen und die einzelnen Punkte entscheidet, wird die konkrete Ausformulierung von Grundsätzen durch die Fachkonferenzen geleistet.

Zur Vorbereitung der Entscheidung in der Lehrerkonferenz sollte die Schulleitung auf eine Gruppe von an diesem Thema interessierten Kolleginnen und Kollegen zurückgreifen. Gemeinsam mit diesen sollte sie eine Beratungsvorlage erstellen. Eine gründliche Vorbereitung des Vorhabens trägt wesentlich dazu bei, dieses Thema zum gemeinsamen

Anliegen werden zu lassen. Zudem versachlicht sie die Arbeitsprozesse. Ferner werden die Impulse zur Selbstorganisation der einzelnen Fachkonferenzen klar gesetzt.

Entscheidungspunkte sollten sein:

- Ziele des Vorhabens
- Einzelaufgaben
- Zeitplan
- Dokumentation und gegenseitige Information

Erläuterungen

Ziele des Vorhabens

Die Erarbeitung von Grundsätzen zur Leistungsbewertung

- stiftet Orientierungen bei der diagnostischen Tätigkeit sowie bei der Beurteilung und Bewertung von Schülerleistungen,
- bringt den Erfahrungsaustausch der Fachkolleginnen und Fachkollegen in Gang über pädagogische Leitvorstellungen bei der Leistungsbewertung und über die Benotungspraxis,
- lässt Kriterien der Leistungsbewertung in Fächern, Fach- bzw. Lernbereichen transparent werden. Davon profitieren auch die Schülerinnen und Schüler sowie die Eltern,
- verstärkt und verbessert die Kooperation der Lehrkräfte untereinander sowie von Eltern- und Schülerschaft.

Einzelaufgaben

Der gesamte Arbeitsprozess könnte sich an folgenden Fragen orientieren:

- **Welche Funktionsziele rechnen wir den Leistungsbewertungen zu?**
  (z. B. Berichts-, Orientierungs- und ggf. Selektionsfunktion; was sind meine Beurteilungsgrundlagen zur Planung von Fördermaßnahmen?)
- **Wie objektiv sind Schulnoten überhaupt?**
  (Beurteilungsfehler; Bedeutung der Lehrererwartungen; fachliche Kompetenz u. a. m.)
- **Was für ein Verständnis von Schulleistung haben wir im Fach bzw. Lernbereich?**
  (Produkt- und prozessorientierter Leistungsbegriff; pädagogische Aspekte; was alles auf Schulleistungen einwirkt; Definition von

Teilleistungen, wie mündliche Beiträge, schriftliche Arbeiten, praktische Leistungen und deren mögliche Gewichtung bei einer Note; Beurteilung von Lern- und Leistungsverhalten und deren Einfluss auf die Note usw.)

- **Welche Faktoren bedingen eine Schulleistung?**
  (kognitive Fähigkeiten, wie z. B. Denkfähigkeit, Gedächtnis, verbale Fähigkeiten; nicht-kognitive Fähigkeiten, wie z. B. Lern- und Leistungsmotivation, Selbständigkeit; physische und psychische Belastbarkeit; Lernumfeld, wie z. B. Elternhaus, Freundeskreis, Schul- und Klassenatmosphäre, Lehrerpersönlichkeit und deren Beziehungs- und didaktische Kompetenz)
- **Mit welchen Methoden erfassen, beurteilen und bewerten wir Schulleistungen?**
  (Beobachtungsformen; Formen des Erfassens der Leistung: mehr subjektive und mehr objektive Verfahren; ist der Maßstab an den individuellen Lernfähigkeiten oder an der Gruppe bzw. Klasse orientiert? Anforderungsbezogene Maßstäbe? Vorbereitung auf Leistungskontrollen; werden Beurteilungskriterien gegenüber den Schülerinnen und Schülern sowie den Erziehungsberechtigten offen gelegt?
- **Welche rechtlichen Rahmenbedingungen müssen wir beachten?**
- **Was kann getan werden, damit die zu beschließenden Grundsätze nicht die pädagogische Freiheit der einzelnen Lehrkraft unzumutbar einengen?**

Zeitplan, Dokumentation und gegenseitige Information

Hier sollte die Schulleitung darauf achten, dass die Lehrerkonferenz keinen zu engen Zeitrahmen festlegt, zumal die einzelnen Fachkonferenzen unterschiedlich aufwändig arbeiten, unterschiedliche Vorgehensweisen beschließen werden und Konfliktpunkte möglichst konstruktiv bearbeiten sollen, d. h. auch ohne Zeitdruck. Wichtig ist, sich über ein vorläufiges Ende der Arbeit am Vorhaben zu verständigen, ohne die Anzahl der Zusammenkünfte damit festzulegen. Es muss auch geklärt werden, in welcher Weise Erziehungsberechtigte einbezogen werden müssen. Folgenden Verlauf werden erfahrungsgemäß alle Fachkonferenzen zu durchlaufen haben:

- Erfahrungsaustausch und – anschließend – Arbeit an den Einzelaufgaben (wobei die vorher genannten Fragen als Orientierung dienen)
- Formulieren der Grundsätze unter Einbezug der durch die Richtlinien und Lehrpläne vorgegebenen »Anforderungen«
- Vorbereiten der Dokumentation und der gegenseitigen Information; entscheiden darüber, was von den erarbeiteten Grundsätzen allen Eltern im Rahmen der Gremienarbeiten sowie den Schülergruppen vorgestellt werden sollte

Weiterführendes

Weinert, Fr. G. (2001). Leistungsmessungen an Schulen. Weinheim.

Schulrechtliche Grundlagen der einzelnen Bundesländer

(4) »Weil wir alle so unterschiedliche Auffassungen von unserem Bildungs- und Erziehungsauftrag haben, liegen wir uns dauernd in den Haaren!«

Sich neu verständigen über den Bildungs- und Erziehungsauftrag

- Wie sah das Programm einer schulinternen Fortbildung für eine Grundschule aus?
- Welche einzelnen Prozessphasen ergaben sich mit ihren methodischen Schritten?

Eine Fülle von Konflikten bringt diese Problematik mit sich. Das reicht z. B. von der Meinung »Ich bemühe mich um intensive Wissensvermittlung.« bis »Nur wenn es mir gelingt, ein gutes Beziehungsverhältnis zu den Schülerinnen und Schülern aufzubauen, entstehen auch produktive Lernprozesse.«

Vorschlag an die Schulleitung: Bitte eine ganztägige kollegiumsinterne Fortbildung anbieten, hierfür einen pädagogischen Fachmann gewinnen, der auch schulbezogene Kenntnisse hat. Mit einem kleinen Kollegenteam (unter Einbezug der Schulleitung) sollte der Referent den Tag fachlich-inhaltlich und prozessorientiert vorbereiten.

So sah das **Programm einer Grundschule** (22 Lehrkräfte, 410 Kinder) aus:

Thema: »Ohne Beziehung keine Erziehung. – Qualitative Beziehungsgestaltung als wesentliche Dimension von Erziehung in der Grundschule –«

Intentionen

Es geht vor allem darum, Orientierungen und Anregungen zu vermitteln, um sicherer im Gestalten qualifizierter pädagogischer Beziehungen im Schulalltag zu werden. Damit verbindet sich die Reflexion der eigenen pädagogischen Erfahrungen und das Verständigen über die Begriffe Erziehung und Bildung. Dies soll in kollegialer Kooperation und Konsensbildung geschehen.

Verlauf

(1) 8.30 Uhr Begrüßung; Erläutern der Ziele, Themen und Arbeitsformen

(2) 8.45 Uhr **Themenblock 1:**
Die Bedeutung der pädagogischen Beziehung und der Beziehungsatmosphäre in der Klasse
- Kurze Einführung

(3) 9.00 Uhr
- Was zu einer positiven Beziehungsatmosphäre in der Klasse beitragen kann …
  Gruppenarbeit: »Der Baum der Freundlichkeiten«

(4) 9.30 Uhr Vorstellen der Ergebnisse im Plenum

10.00 Uhr Kaffeepause

(5) 10.30 Uhr **Themenblock 2:**
Beziehungsgestaltung und Erziehung
- Klärungen und Theorien, orientiert an der Praxis und den konzeptionellen Vorstellungen bekannter Persönlichkeiten aus Pädagogik, Psychologie und Therapie

12.00 Uhr Mittagspause

(6) 13.30 Uhr **Themenblock 3:**
Ermutigende Erziehung als Kern qualitativer Beziehungsgestaltung
- Information, Erläuterung, Beispiele

(7) 14.00 Uhr *Gruppenarbeit:* »Beziehungen knüpfen ist wie Brücken bauen«

	(Erstellen von Bausteinen für eine Brücke im Sinne ermutigender Erziehung; danach: Aufbau der »Brücke« im Plenum)
(8) 15.00 Uhr	Meine Assoziationen zum Stichwort »Ermutigung« (Einzelarbeit)
(9) 15.30 Uhr	Aussprache im Plenum zur Frage: Welche Gedanken zur pädagogischen Beziehungsgestaltung könnten ggf. in das Leitbild des Schulprogramms der Grundschule aufgenommen werden?
(10) 16.00 Uhr	Abschluss; kurzes Feedback zum Verlauf und individuellen Erkenntnisgewinn

Erläuternde Stichworte zu einzelnen Prozessphasen

Zu (2): Was heißt Erziehung? – Erziehung als spezifisches und gestaltetes Beziehungsgeschehen. – Ohne Beziehung keine Erziehung. – Was heißt Bildung? – Bildung als Vollzug zur Selbstformung – Bildung als Selbstbildung. Das Verhältnis von Bildung und Erziehung. – Wie der schulische Bildungs- und Erziehungsauftrag zu verstehen ist …

Zu (3): Der Schulleiter hatte einen großen Kirschzweig besorgt, der zu dieser Jahreszeit noch ohne Blüten und Blätter war. Der Zweig steckte in einem Eimer mit feuchtem Sand. Mit »Blättern« aus Karton sollte er nun geschmückt werden. Auftrag für die Gruppen: Jeder schreibt bitte auf ein Blatt eine freundliche Geste aus der Sicht einer Schülerin oder eines Schülers, die die Atmosphäre in der Klasse positiv beeinflussen könnte. Beispiel: »Ich teile etwas mit der Mitschülerin«. – Verwendung des »Baums der Freundlichkeiten«: Jeden Morgen vor Schulbeginn ist ein Kind an der Reihe, um ein »Blatt« vom Baum zu nehmen und die »gute Tat« dann auch auszuführen. – In den nächsten Tagen entwickelte der Zweig im Schulflur seine natürlichen Blüten.

Zu (5): Es ging hier maßgeblich um die Frage: Was haben diese Fachleute über die pädagogische Beziehungsgestaltung gedacht? Welche ihrer Vorstellungen und ihrer beruflichen Erfahrungen könnten noch heute für uns Bedeutung haben? Der Referent stellte folgende Persönlichkeiten in geraffter Form mit ihrem kulturell-historischen Kontext vor:

- Johann Heinrich Pestalozzi (Anthropologische Grundformel; Bildungsverständnis)
- Janusz Korczak (Kinderrechte)

- Herman Nohl (Theorie des pädagogischen Bezugs)
- Carl Rogers (Basisvariablen der Gesprächsführung)
- Ruth Cohn (Themenzentrierte Interaktion)
- Rudolph Dreikurs (Einstellungen und Haltungen der Pädagoginnen und Pädagogen aus individualpsychologischer Sicht)

Zu (6): Ermutigende Erziehung und ihre Bedeutung für das Selbstwertgefühl (Beispiele aus dem Schulalltag); Kinder brauchen einen Ordnungs- und Orientierungsrahmen; »Richtige« Zeitpunkte für das Bewältigen von Konflikten in der Schule.

Zu (7): Der Auftrag für die Gruppen lautete: Schreiben Sie auf die Steine (bestanden aus bemalten größeren Pappscheiben), wie gute Beziehungen im Sinne von Ermutigung zu einer »Brücke« aufgebaut werden könnten.

Beispiel: »Wir nehmen die drei Ausländerkinder in unsere Klassengemeinschaft auf. Das zeigen wir durch …«

Zu (8): Diese Assoziationen, orientiert an den Buchstaben des groß auf ein DIN – A4-Blatt geschriebenen Wortes »Ermutigung« sollten noch einmal wichtige Gedanken spontan in Erinnerung rufen.

Zu (9): Der Referent legte ein Thesenpapier vor mit Gedanken der vorher vorgestellten Pädagogen, Psychologen und Therapeuten. Dies regte die Diskussion an zur Frage: Was hiervon sollten wir in das Leitbild unseres Schulprogramms nehmen?

Weiterführendes

Badry, E., Buchka, M. & Knapp, R. (Hrsg.) (2003[4]). Pädagogik. Grundlagen und Arbeitsfelder. Neuwied, Kriftel.

Buchka, M., Grimm, R. & Klein, F. (Hrsg.) (2000). Lebensbilder bedeutender Heilpädagoginnen und Heilpädagogen im 20. Jahrhundert. München.

Dreikurs, R. & Soltz, V. (2001[9]): Kinder fordern uns heraus. Wie erziehen wir sie zeitgemäß? Stuttgart.

Giesecke, H. (1999[2]). Die pädagogische Beziehung. Pädagogische Professionalität und die Emanzipation des Kindes. Weinheim.

Niemeyer, Chr. (1998). Klassiker der Sozialpädgogik. Einführung in die Theoriegeschichte einer Wissenschaft. Weinheim und München.

Thesing, Th. (1999). Leitideen und Konzepte bedeutender Pädagogen. Ein Arbeitsbuch für den Pädagogikunterricht. Freiburg.

(5) »Auch wir brauchen ein Schulprogramm!«

Gemeinsame Entwicklungsarbeit als Innovationschance

- Was sind die Aufgaben und Ziele eines Schulprogramms?
- Welche Faktoren sind wichtig zur Bewältigung des Gesamtanliegens?
- Wie könnte der Prozess ohne einen externen Berater verlaufen?
- Welche Bedeutung kommt dem Leitbild der Schule zu?

Aufgaben und Ziele

- Am Schulprogramm wird erkennbar, worauf eine Schule besonderen Wert legt und wo sie sich besonders engagiert.
- Bei der Entwicklung des Schulprogramms unter der Regie der Schulleitung nutzt die Schule ihren Freiraum im Sinne einer lernenden und sich entwickelnden Organisation ohne die bindenden Standards des Staates (Richtlinien und Lehrpläne) außer Kraft zu setzen.
- Das Schulprogramm weist nicht nur auf, was traditionell in der betreffenden Schule gemacht wird, sondern enthält auch Entwicklungsperspektiven und noch nicht realisierte Vorstellungen.
- Das Schulprogramm stellt mehr dar als ein profiliertes Schulkonzept, da es Punkte zur aktiven Weitergestaltung enthält, um die pädagogischen Wirkungen auf die Schülerinnen und Schüler zu verstärken. Es

gibt somit Antworten auf die Fragen: *Wohin wollen wir eigentlich und wie können wir das an unserer Schule erreichen?*

- Ein Schulprogramm im Sinne von »Haus des Lernens« bedeutet, dass die Schule insbesondere den jungen Menschen individuell gerecht werden will. Sie betont die Formen selbstgesteuerten und selbstverantworteten Lernens, ohne das soziale Lernen zu vernachlässigen.
- Das Schulprogramm dient auch als Grundlage interner Überprüfung, was an programmatischen Zielen und Wegen erreicht wurde und was nicht. Es ist Grundlage der Evaluation und Rechenschaftslegung.
- Bei der Arbeit am Schulprogramm ist erwünscht, dass Eltern ihre eigenständige Sicht der Kinder und ihrer Probleme in die Gemeinschaft mit den Lehrkräften der Schule einbringen. Ihre Sichtweise, die die Perspektive der Lehrerinnen und Lehrer ergänzt, bietet die Möglichkeit, ein umfassenderes und zutreffenderes Bild der Lebenssituation und Sozialisation der Kinder zu erhalten. Das trägt mit dazu bei, dass Lernprozesse für die Schülerinnen und Schüler adressatengerechter initiiert werden und diese kindgerechter lernen können.
- Probleme der Kinder können mit den Eltern gemeinsam besser angegangen und bewältigt werden. Durch die stärkere Einbeziehung der Eltern in die Schularbeit fühlen sie sich in ihrer erzieherischen Verantwortung ernstgenommen und gefordert (vgl. Burkhard/Eikenbusch 2000, S. 38).

Wichtige Faktoren zur Bewältigung des Gesamtanliegens:

- eine fachlich kompetente Schulleitung, die sich über die einzelnen Arbeitsprozesse und hierbei auftauchenden potentiellen Konflikte durch Teilnahme an Fortbildungen gründlich informiert hat. Sie hat auch gelernt, wie sie initiiert und motiviert und welche jeweiligen Methoden für das Bewältigen der Einzelaufgaben besonders erfolgversprechend sind.
- Eine leistungsfähige und von der Schulleitung wie auch vom Kollegium und den Eltern akzeptierte Steuerungsgruppe.
- Teamfähiges, für gemeinsames Lernen geöffnetes Kollegium.
- Zeit und Geduld.
- Aufgeschlossen mitarbeitende Erziehungsberechtigte.
- Qualifizierte Beratungshilfe und Unterstützung durch die Schulaufsicht.

Zum möglichen Prozessverlauf ohne einen externen Berater

Viele Schulen haben gute Erfahrungen damit gemacht, eine Steuerungsgruppe, zusammengesetzt aus der Schulleitung, einzelnen Lehrkräften und einzelnen Eltern zu bilden. Sie entlastet auch maßgeblich die Schulleitung, bereitet die einzelnen Schritte vor, d. h. den Informationsaustausch, und stellt die Zwischenergebnisse vor.

Phase 1

Bei der ersten Phase der Erarbeitung eines Schulprogramms spielt die Erkenntnis aus den Erfahrungen mit der Organisationsentwicklung hinein: nur wenn die Beteiligten selbst von der Notwendigkeit und vom Sinn einer Ist-Analyse als Ausgang von Veränderungen überzeugt sind, gelingt der Prozess. Dieser erste Schritt – mit nicht zu aufwändigen Analysemethoden! – versucht, die Frage zu beantworten: **Wer sind wir?**

Wenn hierbei die Identifizierung von Lehrerinnen und Lehrern und Eltern mit der eigenen Schule bewusster wird, so stärkt das die Motivation für die nächsten Schritte.

Wichtig ist, nicht alles auf einmal machen zu wollen. Die bewusste Beschränkung auf einen oder wenige überschaubare Punkte überfordert die Schule nicht.

Phase 2

Mit der Frage: **Was wollen wir?** wird zunächst nach gemeinsamen Kriterien und Standards gesucht, die zu Zielvorstellungen für die Weiterentwicklung führen können. Eine sog. Stärken-Schwächen-Analyse, bezogen auf Unterricht (dem Kernbereich der Schule) und auf Schulleben mit seinen unterschiedlich ausgeprägten Gegebenheiten und Aktivitäten, kann hier helfen. Im Sinne der Weiterentwicklung von Schule durch Besinnen auf moderneren Unterricht stehen hier z. B. eigene Praxisbeispiele und Vorstellungen von offensichtlich gut gelungenem Unterricht im Mittelpunkt. Diese werden verglichen und im Hinblick auf potenzielle generelle Möglichkeiten zur Verbesserung von Unterricht an der Schule reflektiert. Auch Phasen des Trainings zum Erwerb von Kompetenzen auf dem Gebiet schülerorientierterer Methoden können hier gut eingeplant werden.

Zum Thema Elternarbeit können die guten Erfahrungen anderer Schulen ermittelt und ggf. als Anregungen für die eigene Schule vorgeschlagen werden. Vielleicht kann auch ein Referent von außen Impulse für Perspektiven einer wirksameren Elternarbeit vermitteln?

Phase 3

Neue, gut begründete und von Lehrkräften und Eltern für sinnvoll gehaltene Ansätze und Schritte werden geplant, als Perspektiven festgehalten und nach und nach durchgeführt und ausgewertet. Dazu erscheint es erforderlich, sich mit den aktuellen gesellschaftlichen Gegebenheiten und Problemen vertraut zu machen. Danach sollte geschaut werden, ob die ermittelten Trends auch für die Familien im Einzugsbereich der Schule zutreffen. Nun könnte evtl. ein übergreifendes Thema das ganze Kollegium motivieren, sich »auf den Weg zu machen«.

Beispiele:

- »Wo sollten wir in Erinnerung an die Ergebnisse der PISA-Studie einen Anfang machen?«
- »Brauchen wir neue Methoden und Formen des Lernens im Unterricht?«
- »Wir wollen unsere Schule zu einer gesunden Schule werden lassen!«
- »Das Thema Suchtprävention geht uns als pädagogische Aufgabe alle an!«
- »Wir sollten uns mal Gedanken machen, wie wir an unserer Schule die Beziehungen zu unseren ausländischen Mitbürgern verbessern können.«
- »Es wäre eine wichtige Aufgabe für uns alle, die Zusammenarbeit mit den Erziehungsberechtigten zu intensivieren.«

Phase 4

Die Steuerungsgruppe gibt den aktuellen Stand bekannt. Die Gruppe der Lehrerinnen und Lehrer nimmt in ihrem Beschlussorgan (Lehrerkonferenz) und die Gruppe der Eltern ebenso in ihrem Beschlussorgan (Schulpflegschaft) Stellung zum Entwurf. Die Gruppe nimmt die Veränderungswünsche mit auf, arbeitet sie ein und legt den Text dann der Schulkonferenz zur Genehmigung vor.

Die Frage des Leitbildes

In einem Vorspann zum Schulprogramm gibt die einzelne Schule Auskunft darüber, was ihre ethisch-sozialen Grundwerte sind und von welchem Menschenbild sie sich insgesamt leiten lassen will.

Wie kommt die Schule zu solchen Aussagen? Im Verlaufe der Arbeit am Schulprogramm ergibt sich meistens ein Grundkonsens der Beteiligten über die leitenden Maßstäbe für die Bildungs- und Erziehungsarbeit an dieser Schule. Dabei ist es Sache der Lehrkräfte, das wesentliche Gedankengut der Richtlinien für die betreffende Schulform mit einzubeziehen. Das Leitbild besteht aus Grundsätzen, gleichsam den Richtzielen, die Gültigkeit haben für die ganze Schule mit den hier stattfindenden unterrichtlichen und außerunterrichtlichen Aktivitäten sowie dem hier vorhandenen Schulleben. Es sichert Entscheidungsmaßstäbe und bildet die Grundlage für Prioritätenentscheidungen. Die Eltern müssen bei der Formulierung unbedingt mit einbezogen werden. Sie bringen nämlich aus ihrer Sicht von gesellschaftlichen, beruflichen und familiären Zusammenhängen wichtige Ergänzungen, evtl. auch Korrekturen der Vorstellungen der Lehrerinnen und Lehrer ein. Es ist sehr bedeutsam für die weitere konfliktfreiere Zusammenarbeit mit den Eltern, wenn zumindest auf dieser Abstraktionsebene schulischer Intentionen Konsens erreicht wird.

Durch das Leitbild erhält das Schulprogramm Perspektiven, die für alle seine Programmelemente für eine bestimmte Zeit lang gültig ausformuliert sind und eine Entwicklungsrichtung angeben.

Weiterführendes

Grunder, H.-U. (2002). Schulentwicklung durch Kooperation und Vernetzung. Schule verändern. Bad Heilbrunn.

Boskamp, P. & Knapp, R. (Hrsg.) (1999²). Führung und Leitung in sozialen Organisationen. Handlungsorientierte Ansätze für neue Managementkompetenz. Neuwied, Kriftel.

Buhren, C. G. & Rolff, H. G. (2002). Personalentwicklung in Schulen. Konzepte, Praxisbausteine, Methoden. Weinheim.

Klippert, H. (2000²). Pädagogische Schulentwicklung. Planungs- und Arbeitshilfe zur Förderung einer neuen Lernkultur. Weinheim.

Risse, E. (1998). Schulprogramm. Entwicklung und Evaluation. Neuwied.

(6) »Einige Eltern sind mit dem Unterricht an unserer Schule sowie den Möglichkeiten der Mitwirkung unzufrieden.«

Einholen und Auswerten von Meinungsbildern, um Konflikte gezielter angehen zu können

- Welche Kriterien können für die Qualitätsfeststellung von Elternarbeit herangezogen werden?
- Wie können pädagogische Grundsätze zusammen mit den Erziehungsberechtigten abgestimmt werden?
- Wie lässt sich die Zufriedenheit der Eltern am Unterricht erfassen?

Um den permanenten Konfliktstoff gründlich zu erfassen und damit bearbeitbar zu machen, wird eine auf die Schule bezogene Bestandsaufnahme zur Qualität der Elternarbeit vorgeschlagen. Beim Erfassen und dem später folgenden Analysieren der Ausgangssituation sollte die Schulleitung auch hier eine kleine Arbeitsgruppe bilden, die aus Lehrkräften und Eltern besteht. Als Kriterien für die Durchführung der Qualitätsfeststellung von Elternarbeit sollte die Schulleitung folgende Punkte vorschlagen:

- Strukturqualität
- Prozessqualität
- Ergebnisqualität

Erläuterungen

Bei der *Strukturqualität* prüft die Arbeitsgruppe die derzeitigen Rahmenbedingungen im Hinblick auf Elternarbeit an der betreffenden Schule. Zu den Rahmenbedingungen gehört die rechtliche Grundlage (Ziele der Mitwirkung von Erziehungsberechtigten, Formen der Mitwirkung und Gremien, Themen und Inhalte, Elternrechte und Elternpflichten, Schulpflicht u. a. m.).

Hinzu kommen auch personale Aspekte, wie z. B. die Zusammensetzung der Elterngruppen (u. a. Anteil und Nationalität ausländischer Eltern), das generelle Interesse der Eltern an der Schule sowie ihre Bereitschaft zur aktiven Mitarbeit in unterschiedlichen schulischen Zusammenhängen. Ergänzend sollte gefragt werden:

- Wie ist es mit der Einstellung der Lehrerinnen und Lehrer zur Zusammenarbeit mit Eltern?

- Wie steht es mit dem Bemühen um ein partnerschaftliches Miteinander?
- Gibt es eine gemeinsame Rahmenbedingung für den Umgang miteinander, die für Eltern auch wirklich den entsprechenden Raum zum Mitwirken und Mitarbeiten in der Schule zulässt?

Bitte auch die Frage nach den Räumen stellen, in denen mit Eltern zusammen gearbeitet und beraten wird. Gibt es z. B. ein Elternsprechzimmer, in dem ungestört und in gastfreundlicher Atmosphäre Gespräche stattfinden können? Steht auch ein Raum mit entsprechendem Gestühl für eine große Elterngruppe zur Verfügung?

Die Arbeitsgruppe muss auch Details zum Faktor Zeit sammeln. Er trägt wesentlich für das Gelingen der Zusammenarbeit bei. Gemeint ist Zeit zum Gedankenaustausch, zur Arbeit an Erziehungsfragen, für Beratung, zur Mitarbeit am Schulprogramm u. a. m.

Bei der **Prozessqualität** geht es um das Wie der Zusammenarbeit, d. h. die Interaktionsformen zwischen den Lehrerinnen und Lehrern und den Eltern. Hier spielt natürlich die im Leitbild der Schule (als Teil des Schulprogramms) ausgewiesene Vorstellung einer partnerschaftlichen Kooperation mit den Eltern hinein. Diese bietet die Grundorientierung für die Gestaltung der Beziehungsebene, die Abfassung von Arbeitsprinzipien und Verhaltensregeln. Hier stehen also die generellen Vorstellungen, Werte und Überzeugungen.

Die vielen unterschiedlichen Arbeitsmöglichkeiten in den Mitwirkungsgremien der Schule, aber auch die Gespräche, die Beratungen, die Mitarbeit bei Schulfesten, bei den verschiedenen schulischen Veranstaltungen bedingen Prozesse und Beziehungen unterschiedlicher Qualität.

Weitere **Leitfragen** könnten z. B. heißen:

- Wie oft treffen sich die einzelnen Mitwirkungsgremien an unserer Schule?
- Wie werden die Erwartungen und Wünsche der Eltern an die Schule und an die Kooperation erfasst (z. B. bei der Klassenpflegschaft, bei der Schulpflegschaft) und wie wird damit umgegangen?
- Wie sieht das mit Kritiken und Anregungen der Eltern aus, die sich in Einzelgesprächen mit den Lehrkräften ergeben?
- Was ist gängige Praxis, um die Eltern gründlich und gut verständlich über aktuelle Anliegen der betreffenden Klasse und der Schule zu informieren?

- Wie wird die Erziehungs- und Bildungsarbeit mit den Kindern den Eltern transparent gemacht, wie wird sie dokumentiert?
- Gibt es ein Schwarzes Brett für Eltern in der Schule, um Aktuelles und für Eltern Interessantes publik zu machen?
- Bei welchen Aktivitäten macht die Zusammenarbeit von Eltern und Lehrerinnen und Lehrern besonders Freude?
- Welche Art der Zusammenarbeit wirkt sich deutlich stärkend auf das lebendige Miteinander aus?

Bei der **Ergebnisqualität** geht es im Kern um die Frage: Was kommt bei der bisherigen Zusammenarbeit mit den Eltern heraus? Diese schlichte Frage gilt es jetzt zu beantworten. Es wäre ein utopisches Unterfangen, wenn die Arbeitsgruppe sich bei dieser Aufgabe das Ziel setzt, objektiv gesicherte Daten zu ermitteln. Hierzu müssten viele strukturierte Interviews geführt und ausgewertet werden. Es handelt sich vielmehr um die Einschätzung eines Trends. Das reicht auch als Basis für die Entwicklung von Perspektiven zur Verbesserung von »Ergebnissen« aus.

Es gibt einige Anhaltspunkte, um Aussagen zur Ergebnisqualität machen zu können. Da ist zunächst der wichtige Punkt, dass die vom Gesetzgeber vorgegebenen Rahmenbedingungen ausgefüllt werden und die notwendige Zusammenarbeit akzeptiert wird und wie sich die Akzeptanz ausprägt. So wäre zu bedenken, ob sich die Wirkung einer gelingenden Kooperation z. B. darin zeigt, dass die Mehrzahl der Eltern gern in die Schule kommt, um hier mitzuwirken und mitzuarbeiten, ja sich in der Schule willkommen fühlt. Der junge Mensch steht im Mittelpunkt bei allen gemeinsamen Bemühungen. Also wäre es demnach auch notwendig, darüber nachzudenken, was die Elternarbeit für diese bringt, was sie für sie erreicht hat.

Abstimmen von pädagogischen Grundsätzen zusammen mit den Erziehungsberechtigten

Für das Erstellen des Leitbildes an Ihrer Schule möchten Sie als Schulleitung, dass die Lehrerschaft wichtige pädagogische Grundsätze im Einverständnis mit den Eltern abklärt, um damit die gemeinsame Erziehung der jungen Menschen besser leisten zu können. Sie könnten als Lehrerkollegium ein Thesenpapier mit Ihnen wichtig erscheinenden Punkten formulieren. Dies geben Sie in die Klassenpflegschaften und dann in die Schulpflegschaft und bitten darum, die Thesen zu diskutieren im Hinblick auf die Fragen:

- Halten Sie diese Punkte auch für wichtig?
- Welche Aspekte fehlen Ihnen noch?
- Müssten einige Sätze – evtl. das genannte Anliegen – noch deutlicher ausdrücken?

Aus den gesammelten Ergebnissen der Klassenpflegschaften entsteht ein Arbeitspapier. Dies geht als Beratungsvorlage an das Entscheidungsgremium der Schule.

Hier ein Beispiel, das nun auf Konsens mit den Eltern geprüft und danach als ein Element mit in das »Leitbild der Schule« aufgenommen werden könnte (vgl. hierzu auch Burkhard/Eikenbusch 2000, 40 f.):

Welche Grundsätze in Erziehungsfragen halten Sie für besonders wichtig? Kreuzen Sie bitte bis zu 5 Aussagen an.

- Alle Kinder brauchen viel Liebe, Zuwendung und Verständnis durch die Lehrerinnen und Lehrer genauso wie durch die Eltern.
- Alle Kinder sollen zu Lernerfolgen kommen können.
- Die Schülerinnen und Schüler sollen möglichst früh zum selbständigen und kooperativen Lernen und Handeln erzogen werden. Dazu leistet das Elternhaus seinen eigenen Beitrag.
- Der Unterricht muss die Kinder fördern und fordern.
- Die Kinder müssen lernen, auf andere Kinder Rücksicht zu nehmen und eigene Ansprüche zurückzustellen.
- Die Schule ist nicht nur Lern- und Unterrichtsstätte, sondern auch ein wichtiger Lebensort für die Kinder.
- Konfliktfälle der Kinder werden in der Klasse unter Leitung der Lehrkraft möglichst umgehend und konstruktiv bearbeitet.
- Soziales Fehlverhalten sollte stets angemessen von den Lehrkräften geahndet werden. Hierzu bedarf es der Mithilfe der Eltern.
- Jedes Kind bekommt, wenn es den Lehrerinnen und Lehrern erforderlich erscheint, angemessene individuelle Hilfe und Förderung.
- Kriterien zur Beurteilung und Bewertung von Schülerleistungen werden Kindern und Erziehungsberechtigten transparent gemacht.
- Hausaufgaben werden klar gestellt, gewissenhaft und vollständig von den Kindern erledigt. Die Lehrkraft kontrolliert und korrigiert sie.
- Die Kinder werden auf schriftliche Leistungsanforderungen (Klassenarbeiten) gut vorbereitet.

Erfassen der Zufriedenheit der Eltern am Unterricht

Als Schulleitung sollten Sie sich zunächst gründlich mit dem Kollegium über das Ihnen notwendig erscheinende Vorhaben und dessen Ausmaß aussprechen. Sicherlich wird es hier heftig zur Sache gehen. Sie sollten für die Akzeptanz einer Befragung werben und die einzelnen für wichtig gehaltenen Aspekte bei der Einschätzung der Zufriedenheit der Eltern abstimmen. Mit dem Werben für die Bereitschaft, hier mitzumachen, könnten Sie als Schulleitung folgende Punkte zur Diskussion stellen, die dann in der Form von einzelnen Bewertungsskalen in möglichst schlichter Form ausgearbeitet werden:

- Meinem Kind macht das Lernen in der Schule Freude ...
- Vor allem im Fach ... macht es aufgeschlossen mit ...
- Mein Kind hat – insgesamt gesehen – Lernerfolge in der Schule aufzuweisen ...
- Die Lehrkräfte des Kindes meiner Klasse geben sich Mühe, abwechslungsreich und anspruchsvoll zu unterrichten ...
- Sie tragen wesentlich zu einem guten Klima in der Klasse bei ...
- Das soziale Verhalten der Schülerinnen und Schüler ist für sie ein wichtiges Anliegen ...
- Zum außerunterrichtlichen Angebot (Arbeitsgemeinschaften, Wanderungen, Besichtigungen, Fahrten) habe ich folgende Meinung ...
- Die Zusammenarbeit der Schule mit uns Eltern ist auch schon mal Thema in der Familie ...
- Schulische Erfahrungen meines Kindes sind auch Gesprächspunkte zu Hause ...
- etc.

Die Klassenlehrerinnen und Klassenlehrer sammeln die ausgefüllten Fragebögen und tragen die Ergebnisse der Befragung in eine Gesamtübersicht ein. An einem Elternabend besprechen sie mit den Erziehungsberechtigten das Gesamtergebnis. Sie greifen dann vor allem die Bereiche heraus, bei denen sie – wenn eben möglich unter Mithilfe der Eltern – positive Veränderungen anstreben möchten (und könnten!).

Ein wichtiger Punkt für Sie als Schulleitung:

Alle Qualitätsprüfungen in der Schule dienen dazu herauszufinden, was man gemeinsam, d. h. die Gemeinschaft von Lehrkräften, Schülerinnen und Schülern und Eltern, besser machen kann. Nicht die Bewertung einzelner Lehrkräfte darf im Mittelpunkt stehen. Das wäre zu einseitig und würde auch zu massivem Widerstand einiger Pädagoginnen und Pädagogen führen. Zum anderen ist Unterricht stets ein Interaktionsgefüge, bei dem die Lehrerinnen und Lehrer nur einen Faktor – wenn auch einen sehr wichtigen – ausmachen.

Weiterführendes

Burkard, Chr. & Eikenbusch, G. (2000). Praxishandbuch Evaluation in der Schule. Berlin.

Klein, J., Träbert, D. (2001). Wenn es mit dem Lernen nicht klappt. Schluss mit Schulproblemen und Familienstress. Reinbek bei Hamburg.

Knapp, R. (2001). Elternarbeit in der Grundschule. Grundlagen. Elternberatung und -seminare. Mitarbeit im Schulleben. Berlin.

Träbert, D. (2003). Starke Eltern – erfolgreiche Schüler. Reinbek bei Hamburg.

Wallrabenstein, W. (1999) (Hrsg.). Gute Schule-Schlechte Schule. Ein Schwarz-Weiß-Buch. Reinbek bei Hamburg.

7. Typische Fehler von Schulleitungen und Empfehlungen zu ihrer Vermeidung

- Hat man als Schulleitung überhaupt die Zeit, sich mit Kollegen und Kolleginnen gründlich auseinander zu setzen?
- Sollte die Schulleitung nicht immer von sich aus die Richtung vorgeben, damit endlose Diskussionen vermieden werden?
- Was sind typische Fehler und wie können sie vermieden werden?

Beobachtungen und Erfahrungen der Praxis zeigen, dass es eine Reihe von Fehlern gibt, die häufig von Vorgesetzten bei interpersonalen Konflikten gemacht werden.

(1) »Sie müssen doch einsehen, dass ...«

Eine solche konfrontative Aufforderung (in Form einer sog. »Du«-Botschaft) wird im Allgemeinen nicht zum Erfolg führen. Die andere Person fühlt sich angegriffen und wird ihren abweichenden Standpunkt nun erst recht verteidigen, d. h. es kommt zur Reaktanz. Häufig versucht die angegriffene Person sogar weitere Anhänger ihrer Meinung zu gewinnen, so dass ein zumindest temporärer Zusammenschluss zu einer Oppositions-Gruppe erfolgt. Andere Möglichkeiten könnten allerdings darin bestehen, dass die angesprochene Person Angst vor der Positionsmacht des Schulleiters hat oder ihm schmeichelt, um sich in ein günstiges Licht zu setzen.

Empfehlung:
Machen Sie durch Ich-Botschaften deutlich, wie Sie denken und fühlen, und geben Sie den Konfliktparteien Gelegenheit, die vorgetragenen Argumente zu einem Lösungsvorschlag zu verarbeiten. Wichtige Vorgaben (Richtlinien u. a.) und mögliche Entscheidungsspielräume sollten am Anfang des Gesprächs geklärt werden.

(2) »Ich lasse die anderen erst eine Zeit lang diskutieren, ohne mich einzumischen, und wenn sie keine Lösung finden, die ich für gut halte, spreche ich ein Machtwort.«

Die Bemühungen zur Erarbeitung von Problemlösungen sollten möglichst für alle Beteiligten erfolgreich sein. Es ist daher ungünstig, wenn sich am Ende herausstellt, dass die Bemühungen vergeblich waren (Frustration, Demotivation).

Empfehlung:
Der Vorgesetzte sollte von Anfang an den Entscheidungsspielraum deutlich machen und seine Vorstellungen oder Bedenken in die Diskussion mit einbringen. Wichtig ist es, gemeinsam eine Lösung zu finden, die von allen getragen wird.

(3) »Ich mache gleich am Anfang des Konfliktgesprächs einen Lösungsvorschlag, um weitere Streitereien zu vermeiden.«

Der Vorgesetzte verhindert mit einem solchen Vorgehen, dass die Konfliktparteien sich selbst um Lösungsvorschläge bemühen. Darüber hinaus gerät er in die Gefahr, dass sein Vorschlag von allen Konfliktparteien abgelehnt wird, weil sie sich fremdbestimmt fühlen. In einen solchen Fall müsste der Schulleiter durch Einsatz seiner formellen Macht die Realisierung erzwingen. Es liegt auf der Hand, dass dabei bald Schwierigkeiten entstehen, da keiner der Betroffenen inhaltlich überzeugt ist.

Empfehlung:
Das eigentliche Problem liegt bei den Kontrahenten, so dass diese auch primär dazu veranlasst werden sollten, ihren Konflikt produktiv zu lösen. Der Schulleiter hilft dabei als engagierter Mediator. Besser ist es daher, wenn der Schulleiter erst dann weiterführende Lösungsvorschläge einbringt, wenn alle Konfliktparteien bereits selbst Vorschläge gemacht haben.

(4) »Ich spreche mit den Konfliktparteien einzeln, weil sie dann Vernunftgründen eher zugänglich sind.«

Da ein Konflikt nur dann wirklich gelöst ist, wenn alle beteiligten Konfliktparteien dies so wahrnehmen, werden Vorschläge, die mit einer der Parteien besprochen werden, den Argwohn der anderen Partei(en) hervorrufen, dass etwas hinter ihrem Rücken ausgehandelt wurde. Sie werden also ziemlich sicher dagegen sein und Gründe nennen, warum dies nicht funktionieren kann.

Empfehlung:
Viel besser ist es, die Problematik in Anwesenheit aller Konfliktparteien (zumindest mit jeweils einem Sprecher dieser Parteien) zu behandeln und dabei zu versuchen, eine von allen akzeptierte Lösung zu finden.

Bei schwerwiegenden Konflikten kann es günstig sein, zunächst über Einzelgespräche mit den verfeindeten Parteien einen Konsens darüber herzustellen, dass man sich zu einem bestimmten Termin zusammensetzt, um den Konflikt beizulegen. Der Gesprächsleiter sollte aber in diesen Einzelgesprächen keinerlei inhaltliche Lösung andeuten, sondern dies dem gemeinsamen Konfliktlösungsgespräch vorbehalten.

(5) »Auch bei den heftigsten Disputen bleibe ich ganz cool und halte mich mit eigenen Äußerungen möglichst zurück.«

Es ist zwar wichtig, sein eigenes Verhalten dahingehend zu kontrollieren, dass man emotional nicht entgleist (z. B. aus Ärger laut schreit). Wenn aber die betroffenen Konfliktparteien den Eindruck gewinnen, dass die Angelegenheit den Schulleiter überhaupt nicht berührt, werden sie wenig geneigt sein, ihre Probleme ausführlicher darzustellen.

Empfehlung:
Empathie zeigen und sagen, dass man großen Wert darauf legt, eine für alle Seiten gute Konfliktlösung zu finden. Dies muss man dann auch tatsächlich im Verhalten beweisen.

(6) »Das wichtigste bei der Leitung eines Konfliktgesprächs ist, eine Möglichkeit zu schaffen, dass die aufgestauten Gefühle abreagiert werden können.«

Hinter dieser Auffassung steht eine sehr vereinfachte Vorstellung von den menschlichen Gefühlen (ähnlich dem Dampfkessel-Modell von Konrad Lorenz im Zusammenhang mit Instinkten bei Tieren). Das »Abreagieren« von Emotionen führt zwar kurzfristig zu einer physiologischen Beruhigung (ein Ergebnis, das man auch beispielsweise durch Holzhacken erreichen kann), aber ungelöste Konflikte schaffen bei nächster Gelegenheit neuen Ärger, der dann wieder mit entsprechend intensiven negativen Emotionen verbunden ist.

Empfehlung:
Besser ist es, wenn es gelingt, durch gemeinsame Bemühungen den Konflikt inhaltlich zu bewältigen, dann beruhigen sich die Beteiligten von selbst. Allerdings hat hier der Gesprächsleiter eine wichtige Aufgabe: Er muss zeigen, dass es ihm tatsächlich um eine möglichst faire Lösung für alle Betroffenen geht. Außerdem kann durch die Einführung von Spielregeln (»Keiner unterbricht den anderen«, »Jeder stellt zunächst seine Sichtweise des Konflikts dar« usw.) und durch Herausarbeiten der Sachinhalte der Problemlösungsprozess voran gebracht werden.

(7) »Ich halte mich bei Konfliktgesprächen möglichst zurück, um zu zeigen, dass ich neutral bin.«

Die Schulleitung hat grundsätzlich die Verantwortung für eine effiziente Gestaltung der Abläufe in der Schule. Daraus folgt, dass eine Person in einer solchen Leitungsfunktion niemals neutral sein darf, wenn es um das Erreichen von Zielen geht.

Empfehlung:
Wenn keine formalen Vorgaben entgegen stehen, sollte man im Interesse der Beteiligten für flexible Lösungen offen sein. Ziel ist also die Lösung von Konflikten innerhalb des institutionellen Rahmens der Schule.

8. Häufig gestellte Fragen von Schulleitern

- Kann man Empfehlungen für Gesprächs-Situationen geben, die im schulischen Alltag häufiger vorkommen?
- Wie verhalte ich mich am besten bei Meinungsverschiedenheiten?
- Wie kann ich Probleme mit einer Mehrheit von Personen erfolgreich diskutieren?

Was tue ich, wenn ...

(1) ... zwei Konfliktparteien (Personen, Gruppen) oder die Mitglieder eines Gremiums endlos diskutieren und sich nicht einigen können?

Grundsätzlich ist es wünschenswert, dass sich die Betroffenen aktiv beteiligen und mit dem anstehenden Problem identifizieren. Bei einem Konflikt-Gespräch darf man aber nicht bei der Konflikt-Analyse oder bei Meinungsverschiedenheiten über die beste Problemlösung stehen bleiben, sondern das Gespräch sollte letztlich zu einem allseits befriedigenden Ergebnis führen (»Nägel mit Köpfen machen«).

Manche Konfliktparteien verfolgen die Strategie, durch unbegrenztes Diskutieren und Problematisierung zu verhindern, dass sie sich auf ein Ergebnis festlegen müssen. Sorgen Sie dafür, dass eine solche Strategie bei Ihnen nach Möglichkeit niemals erfolgreich ist (auch wenn diese vielleicht bei Ihrem Vorgänger oder in anderen Gremien erfolgreich praktiziert wurde).

Empfehlung:

- Machen Sie am Anfang des Gesprächs deutlich, dass gemeinsam eine möglichst gute Problemlösung gesucht wird.
- Wenn Sie den Eindruck gewinnen, dass sich das Gespräch auf der Stelle dreht, sind folgende Verhaltensweisen im Allgemeinen erfolgreich:
  - Sie stellen fest, dass das Gespräch nicht voran kommt und bitten die Beteiligten um Vorschläge, z. B.
    »Ich habe den Eindruck, dass wir nicht weiter kommen« (Ich-Botschaft) und dann

»Machen Sie doch bitte Vorschläge, wie wir zu einer Lösung finden«.
- Fassen Sie den Stand der Diskussion zusammen, indem Sie die widersprüchlichen Argumente knapp, aber korrekt referieren. Dies klärt die Situation. Und dann sagen Sie: »Und jetzt müssen wir zu einer Entscheidung kommen« und bitten um Vorschläge für die praktische Umsetzung.

- Falls in der verfügbaren Zeit keine akzeptable Lösung gefunden wird (weil sich die Konfliktparteien sperren), ist zu überlegen, ob Sie noch Zeit zum Überlegen bis zu einem weiteren, zeitlich nahe gelegenen Termin (z. B. morgen) einräumen. Andernfalls könnten Sie feststellen: »Mein Ziel war es, gemeinsam eine Lösung zu finden. Wenn dies nicht gelingt, muss ich nun eine Entscheidung treffen«. Die Betroffenen wissen nun, dass sie grundsätzlich den Inhalt der Entscheidung beeinflussen hätten können. Dies ist eine Lehre für die Zukunft.

(2) ... jemand auf einem Standpunkt beharrt, den Sie als Schulleiter aus wichtigen Gründen nicht akzeptieren können?

Hier ist zunächst zu fragen, worin die wichtigen Gründe liegen, die Ihrer Meinung nach zwingend eine bestimmte Lösung bestimmen.

Empfehlung:
- Oft handelt es sich um Ihre persönlichen Vorlieben oder lieb gewordenen Gewohnheiten. Prüfen Sie kritisch, ob nicht auch andere Lösungen denkbar oder sogar vernünftig sind.
- Falls rechtliche Gründe dagegen vorliegen, muss dies in freundlicher, aber klarer Art festgestellt werden: »Ich habe Verständnis für Ihren Wunsch, aber ...«

(3) ... jemand immer nur juristische Argumente vorbringt?

Rechtliche Regelungen sind prinzipiell wichtig und notwendig. Wenn man sich aber ausschließlich an rechtlichen Kriterien orientiert, besteht die Gefahr, dass man bei Problemlösungen nur an das zwingend notwendige denkt, wobei auch die Prozeduren formal geregelt sind. Machbar ist aber alles, was nicht verboten ist. Dies bedeutet, dass es im Allgemeinen einen beachtlichen Handlungsspielraum gibt, der kreativ genutzt werden kann. Auf diesen Überlegungen beruht auch die Strategie der Streitschlichtung durch Mediation.

(4) ... jemand ständig redet und die anderen nicht zu Worte kommen lässt?

Sicher kann man als Versammlungsleiter jemanden das Wort entziehen. Dies führt aber in der Regel zur Verärgerung. Der Betroffene fühlt sich nicht verstanden, möchte seinen Standpunkt noch klarer erläutern und redet noch länger (oder meldet sich dauernd zu Wort).

Empfehlung:

- Fassen Sie den Inhalt der langen Rede in einzelnen Punkten zusammen.
- Sagen Sie: »Sie haben eine Reihe von Punkten angesprochen, zu denen die anderen auch etwas sagen möchten.«

In diesem Fall fühlt sich der Angesprochene verstanden und ist damit einverstanden, dass auch andere dazu etwas vorbringen.

(5) ... in einem Gremium sich eine Person überhaupt noch nicht geäußert hat?

Wenn man sich nicht schon genau kennt, ist es im Allgemeinen nicht angeraten, diese Person direkt anzusprechen und aufzurufen. Diese Person reagiert dann meist emotional, sie muss etwas sagen, ohne es eigentlich zu wollen oder schon eine Formulierung parat zu haben.

Empfehlung:

- Allgemeine Aufforderung: »Gibt es noch weitere Gesichtspunkte, die noch nicht erwähnt wurden?« (mit Blick in die Runde).
- Nur indirekt als Repräsentanten einer Gruppe ansprechen: »Wie sieht dies aus Sicht der ... (Eltern, Schüler u. a.) aus?«

(6) ... niemand Vorschläge für eine Konfliktlösung macht?

Haben Sie keine Angst, man könnte Sie alleine mit dem Problem sitzen lassen. Genau dies ist nämlich die Absicht. Achten Sie darauf, die Situation so zu strukturieren, dass Sie sich das Problem nicht aufdrängen lassen. Sie helfen den Konfliktparteien, ihren Konflikt zu lösen, sind aber kein »Problemlöser vom Dienst«.

Empfehlung:

- In Ruhe abwarten und fragen, ob die Aufgabenstellung klar ist; um Vorschläge bitten. Lassen Sie sich nicht dazu verleiten, nach einer Pause dann doch selbst als erster einen Lösungsvorschlag einzubringen (der bei einem schweren Konflikt mit großer Wahrscheinlichkeit dann von mindestens einer Partei zurückgewiesen wird).
- Verdeutlichen Sie nochmals Ihre Rolle: »Ich möchte, dass wir diesen Konflikt aus der Welt schaffen. Dazu möchte ich Ihnen helfen.«

(7) ... Sie als Schulleiter mit einem Problem befasst werden, das eine Mehrheit von Personen betrifft (z. B. Fachlehrer, Stufenlehrer, Schule als Ganzes)?

Grundsätzlich sollten alle betroffenen Personen am Problemlösungsprozess beteiligt werden. Falls dies sehr viele Personen sind, sollte eine Gruppe durch Repräsentanten vertreten werden.

Empfehlung:

- Achten Sie darauf, dass Sie nach Möglichkeit immer mit dem/den gleichen Repräsentanten der Gruppe in den Problemlösungsprozess eintreten. Nur dann kann ein echter Fortschritt mit Ergebnis erreicht werden. Wenn Sie in aufeinander folgenden Sitzungen jedes Mal mit einer anderen Person diskutieren, ist eine Lösung kaum erreichbar.
- Mit einem Saal voller Personen kann man im Allgemeinen nicht erfolgreich diskutieren. Bitten Sie in diesem Fall um einen Repräsentanten.

Literatur

Aktion Humane Schule (2002). Mitteilungen des Bundesverbandes der Aktion Humane Schule (AHS), 28. Jg., Mai 2002, S. 22 f.

Avenarius, H. & Heckel, H. (2000[7]). Schulrechtskunde. Neuwied, Kriftel.

Badry, E., Buchka, M. & Knapp, R. (Hrsg.) (2003[4]). Pädagogik. Grundlagen und sozialpädagogische Arbeitsfelder. Neuwied.

Besemer, Ch. (1993). Mediation. Vermittlung in Konflikten. Königsfeld & Heidelberg/Freiburg.

Bieger, E. & Mügge, J. (1995). Hinter Konflikten stecken Energien. Kompetenz für Leitung und Konfliktmoderation. Hamburg.

Borchert, J. (Hrsg.) (2000). Handbuch der Sonderpädagogischen Psychologie. Göttingen, Bern, Toronto.

Boskamp, P. & Knapp, R. (Hrsg.) (1999[2]). Führung und Leitung in sozialen Organisationen. Handlungsorientierte Ansätze für neue Managementkompetenz. Neuwied, Kriftel.

Brehm, S. S. & Brehm, J. W. (1981). Psychological reactance. A theory of freedrom and control. New York.

Brockmeyer, R. (1997). Schule, Schulsystem und Schulentwicklung, in: Müller, A. u. a.: Leitung und Verwaltung einer Schule. 8. vollständig überarbeitete Auflage. Neuwied, S. 1 – 19.

Buchka, M., Grimm, R. & Klein, F. (Hrsg.) (2000). Lebensbilder bedeutender Heilpädagoginnen und Heilpädagogen im 20. Jahrhundert. München.

Buhren, C. G. & Rolff, H. G. (2002). Personalentwicklung in Schulen. Konzepte, Praxisbausteine, Methoden. Weinheim.

Burchat-Harms, R. (2001). Konfliktmanagement: wie Kindergärten TOP werden. Neuwied, Berlin.

Burkhard, Chr. & Eikenbusch, G. (2000). Praxishandbuch Evaluation in der Schule. Berlin.

Deutsch, M. (1976). Konflikt und Konfliktregelung. München, Basel.

Diez, H. & Krabbe. H. (1996). Mediation. Ein Überblick über die neue Form der Konfliktlösung durch Vermittlung. Report Psychologie 21 (1) 16 – 29.

Dreikurs, R. & Soltz, V. (2001[9]). Kinder fordern uns heraus. Wie erziehen wir sie zeitgemäß? Stuttgart.

Dulabaum, N. (2003[4]). Mediation: Das ABC. Die Kunst in Konflikten erfolgreich zu vermitteln. Weinheim.

Eisenberger, R., Fasolo, P., Hutchinson, S. & Sowa, D. (1986). Perceived organizational support. Journal of Applied Psychology, 71, 500 - 507.

Fischer, L. & Wiswede, G. (1997). Grundlagen der Sozialpsychologie. München, Wien.

Fox, J. & Guyer, M. (1977). Group size and others' strategy in an n-person game. Journal of Conflict Resolution, 12, 224 - 234.

Gabarro, J. J. (1978). The development of trust, influence, and expectations. In: Athos, A. G. & Gabarro, J. J. (Hrsg.): Interpersonal behavior: Communication and understanding in relationships (S. 290 - 303). Englewood Cliffs, N. J.

Gampe, H., Knapp, R., Margies, D. & Rieger, G. (Hrsg.) (1991). Recht in der Schule – Nordrhein-Westfalen. Kommentare und Hilfen für die Praxis. Loseblattausgabe. Grundwerke Primarstufe und Sekundarstufe I/II. Neuwied.

Giesecke, H. (1999[2]). Die pädagogische Beziehung. Pädagogische Professionalität und die Emanzipation des Kindes. Weinheim.

Glasl, F. (1997). Konfliktmanagement (5. erw. Aufl.). Bern.

Grunder, H.-U. (2002). Schulentwicklung durch Kooperation und Vernetzung. Schule verändern. Bad Heilbrunn.

Hagedorn, O. (1995). Konfliktlotsen. Stuttgart.

Hogg, M. A. & Turner, J. C. (1985). Interpersonal attraction, social identification and psychological group formation. European Journal of Social Psychology, 15, 51 - 66.

Humane Schule. Bundesverband Humane Schule (2002). Mitteilungsblatt Mai 2002. Aalen. Köln.

Jefferys, K. & Noack, U. (1995). Streiten - Vermitteln - Lösen: Das Schüler-Streit-Schlichter-Programm. Lichtenau.

Jefferys-Duden, K. (1999). Das Streitschlichter-Programm. Mediatorenausbildung für die Schülerinnen und Schüler der Klassen 3 bis 6. Weinheim.

Kansteiner-Schänzen, K. (2002). Personalführung in Schulen. Übereinstimmungen und Unterschiede zwischen Frauen und Männern in der Schulleitung. Bad Heilbrunn.

Kellner, H. (2000). Konflikte verstehen, verhindern, lösen. Konfliktmangement für Führungskräfte. München, Wien.

Klein, J. & Träbert, D. (2001). Wenn es mit dem Lernen nicht klappt. Schluss mit Schulproblemen und Familienstress. Reinbek bei Hamburg.

Klippert, H. (2000[2]). Pädagogische Schulentwicklung. Planungs- und Arbeitshilfe zur Förderung einer neuen Lernkultur. Weinheim.

Knapp, R. (2001). Elternarbeit in der Grundschule. Grundlagen. Elternberatung und -seminare. Mitarbeit im Schulleben. Berlin.

Knapp, R. (1995[5]). Kollegiale Fallberatung. In: Neubauer, W. u. a.: Konflikte in der Schule. Neuwied, S. 149 ff.

Knapp, R. (2002). Der Beitrag der Schule für die Zukunftsfähigkeit der Gesellschaft. In: Boskamp, P. & Theisen, H. (Hrsg.): Krisen und Chancen unserer Gesellschaft. Ein interdisziplinärer Überblick. Berlin, S. 167 - 188.

Knapp. R. (2001). Ohne Beziehung keine Erziehung. Vertrauensvolle, ermutigende Beziehungen zu Kindern aufbauen: Eine alltägliche berufliche Herausforderung. In: KiTa aktuell NRW Nr. 5, S. 101 - 104.

Knorz, C. & Zapf, D. (1996). Mobbing – eine extreme Form sozialer Stressoren am Arbeitsplatz. Zeitschrift für Arbeits- und Organisationspsychologie, 40, 12 - 21.

Lalonde, R. N., Moghaddam, F. M. & Taylor, D. M. (1987). The process of group differentiation a dynamic intergroup setting. Journal of Social Psychology, 127, 273 - 287.

Leymann, H. (2000). Die Mobbing-Spirale. Reinbek bei Hamburg.

Liebrand, W. (1984). The effect of social motives, communication and group size in an n-person multi-stage mixed-motive game. European Journal of Social Psychology, 14, 239 - 264.

Marwell, G. & Schmitt, D. R. (1975). Cooperation: An experimental analysis. New York.

Myschker, N. (1996[2]). Verhaltensstörungen bei Kindern und Jugendlichen. Stuttgart, Berlin, Köln.

Neubauer, W. (1997). Beratung in der Grundschule. Bönen.

Neubauer, W. (2000). Konflikte und Konfliktbewältigung im Unterricht. In M. Schweer (Hrsg.), Lehrer-Schüler-Interaktion, Schule und Gesellschaft 24 (S. 195 – 211). Leverkusen.

Neubauer, W. (2003). Organisationskultur. Stuttgart.

Neubauer, W., Gampe, H., Knapp, R. & Wichterich, H. (1999). Konflikte in der Schule. Aggression – Kooperation – Schulentwicklung. (5. völlig überarb. u. erw. Aufl.). Neuwied/Kriftel.

Niemeyer, Chr. (1998). Klassiker der Sozialpädagogik. Einführung in die Theoriegeschichte einer Wissenschaft. Weinheim und München.

Philipp, E. & Rademacher, H. (2002). Konfliktmanagement im Kollegium. Weinheim.

Pikas, A. (1974). Rationale Konfliktlösung. Heidelberg.

Risse, E. (1998). Schulprogramm. Entwicklung und Evaluation. Neuwied.

Schmieta, M. & Wichterich, H. (1997). Mediation in der Schule. Warum gerade jetzt? In: Dunkel, L., Enders, Chr., Hanckel, Chr. (Hrsg.) Berichte aus der Schulpsychologie. Schule – Entwicklung – Psychologie. Schulentwicklungspsychologie. Kongreßbericht der 12. Bundeskonferenz 1996 in Münster. Bonn, 131 – 136.

Schulz v. Thun & Ruppel, J. & Stratmann, R. (2002^4). Miteinander reden. Kommunikationspsychologie für Führungskräfte. Reinbek bei Hamburg.

Sitkin, S. B. & Roth, N. L. (1993). Explaining the limited effectiveness of legalistic »remedies« for trust/distrust, in: Organization Science, 4, 367 – 392.

Stimmer, Fr. (2000). Grundlagen des Methodischen Handelns in der Sozialen Arbeit. Stuttgart, Berlin, Köln.

Stimmer, Fr. (2000). Suchtlexikon. München.

Tajfel, H. (1978). Differentiation between social groups. London.

Thesing, Th. (1999). Leitideen und Konzepte bedeutender Pädagogen. Ein Arbeitsbuch für den Pädagogikunterricht. Freiburg.

Träbert, D. (2003). Starke Eltern – erfolgreiche Schüler. Reinbek bei Hamburg.

Vanbeselaere, N. (1987). The effects of dichotomous and crossed social categorizations upon intergroup discrimination, in: European Journal of Social Psychology, 17, 143 – 156.

Wallrabenstein, W. (1999) (Hrsg.). Gute Schule-Schlechte Schule. Ein Schwarz-Weiß-Buch. Reinbek bei Hamburg.

Weede, E. (1986). Konfliktforschung. Opladen.

Weinert, Fr. E. (2001). Leistungsmessungen in Schulen. Beltz Pädagogik. Weinheim.

Wittschier, B. M. (1998). Konflixt und zugenäht: Konflikte kreativ lösen durch Wirtschaftsmediation. Wiesbaden.

Zuschlag, B. (1997). Mobbing: Schikane am Arbeitsplatz (2. Aufl.). Göttingen.

Zu den Autoren

Dr. Rudolf Knapp: Dipl.-Pädagoge. Professor für Erziehungswissenschaft an der Kath. Fachhochschule NW, Köln.
Fachgebiete: Theorien der Erziehung und Bildung; Elternarbeit; Weiterbildung von Führungskräften in Schulen und sozialen Institutionen.

Dr. Walter Neubauer: Dipl.-Psychologe. Professor für Psychologie an der Universität Bonn.
Fachgebiete: Sozialpsychologie; Organisationspsychologie und Wirtschaftspsychologie.

Dr. Heiner Wichterich: Dipl.-Pädagoge. Wissenschaftlicher Referent am Landesinstitut für Schule, Soest.
Fachgebiete: Schulberatung und Schulpsychologie.

Karikaturen

Gerald Nöbel: Dipl.-Psychologe. Autor und Karikaturist, arbeitet in Kassel als Berater im Staatl. Schulamt und in der Lehreraus- und -fortbildung.